中等职业教育通用基础教材系列

经济政治与社会

主　审　栾洪亮
主　编　李　波　邓德强
副主编　曹景军　陈　萍　韦　翔
　　　　陈玉江　武　凡　陈　鹏
编　委　邓宗君　李　杨

中国人民大学出版社
·北京·

前　言

党的二十大报告指出，教育、科技、人才是全面建设社会主义现代化国家的基础性、战略性支撑。教育是国之大计、党之大计。职业教育是我国教育体系的重要组成部分，肩负着“为党育人、为国育才”的神圣使命。本教材以习近平新时代中国特色社会主义思想为指导，深入贯彻落实党的二十大精神，将思想道德建设与专业素质培养融为一体，着力培养爱党爱国、敬业奉献，具有工匠精神的高素质技能人才。

本教材根据教育部发布的德育课程、文化基础课程和部分大类专业基础课程的教学大纲编写。教材紧紧围绕中等职业教育的培养目标，遵循职业教育教学规律，从满足经济社会发展对高素质劳动者和技能型人才的需要出发，在课程结构、教学内容、教学方法等方面进行了新的探索与改革创新，对于提高新时期中等职业学校学生的思想道德水平、科学文化素养和职业能力，促进中等职业教育教学改革，提高教育教学质量将起到积极的推动作用。

本书坚持贯彻素质教育精神，具有明确的德育功能，旨在通过对学生进行经济基础知识的教育，使学生明确我国社会主义市场经济的所有制基础和社会主义市场经济的基本特征，了解我国进行经济建设的基本方针和政策；能够初步分析和说明常见的社会经济现象，提高参与社会经济活动的能力；在今后的职业活动中，能够自觉规范自己的经济行为，积极投身到社会主义经济建设中去。通过对学生进行政治基础知识的教育，使学生明确我国社会主义的基本政治制度，了解我国民族、宗教、外交方面的基本政策；能够正确分析常见的社会政治现象，提高参与社会政治活动的能力；在今后的职业活动中，能坚持正确的政治方向，增强民主意识，积极参与社会主义民主政治建设。

本书紧扣教学大纲，广泛采用我国在建设社会主义现代化国家的进程中所取得的理论成果，以期能够用先进的思想武装学生的头脑，促进学生对现实的把握能力，从而树立崇高的理想，做出自己应有的贡献。通过本书的学习，学生能够掌握马克思主义的相关基本观点和我国社会主义经济建设、政治建设、文化建设、社会建设的有关知识；提高思想政治素质，坚定走中国特色社会主义道路的信念；提高辨析社会现象、主动参与社会生活的能力。

目 录

第一单元

透视经济现象

第1课　商品的交换与消费
第2课　企业的生产与经营
第3课　个人的收入与理财

第1课

商品的交换与消费

学习目标

1. 掌握货币、货币职能、商品交换、消费、生产以及收入分配的基本知识。
2. 理解价格、价值规律在经济中的作用。
3. 透过常见的经济现象，理解影响消费的因素，树立正确的消费观。

重点知识

1. 透视商品交换的现象，了解商品的基本属性，理解货币在商品交换中的作用。
2. 透视商品价格的变化，认识价格变动的影响，理解价值规律的作用。
3. 透视选购商品的现象，评析常见的消费心理。

运　用

能够正确辨析常见的经济现象，掌握有关的经济知识，树立正确的消费观，理性消费。

案例导入

张伟初中毕业，考上一所中职学校，打算买一台电脑与一部手机。有的同学建议他买苹果牌的电脑与手机，档次高，也很好用。张伟思考了一下，觉得现在的学习没必要买价格高、配置好的苹果电脑，买一台 4 000 元左右的联想电脑就很好了，手机买 1 000 元左右的华为品牌就可以很好地使用了。

张伟的选择认真地考虑了商品的价值与使用价值，他的消费观值得提倡。

日常生活中的衣食住行等活动都离不开货币，本课将从货币的产生与本质、货币的职能、纸币等方面了解货币，从而揭开货币的神秘面纱，并阐释由于货币的产生而出现了价值规律的作用和消费的问题。

一、货币的神奇力量

（一）从商品到货币

在日常生活中，我们可以看到琳琅满目的商品，如粮食、电视机、机器、房子等。这些物品不是天上掉下来的，而是耗费了人的体力和脑力生产出来的；这些物品不完全是供生产者自己消费的，也是供社会和别人消费的，只有通过交换才能到达别人手中。我们把用来交换的劳动产品，叫作商品。

重点提示

商品是指用来交换的劳动产品。

商品具有可以满足人们某种需要的属性，即使用价值。如小麦可以充饥，棉衣可以御寒，机床可以用来生产，书报可以供人阅读、获得信息，等等。

一种商品的使用价值可以是多种多样的，如钢铁既可以用来制造各种生产资料，又可以用来制造各种生活资料。随着科学技术的发展，商品的使用价值还将不断地被发现、被利用。商品的使用价值，是人们在使用和消费它的时候才实现的。

商品可以被它的所有者用来和别人的商品相交换，也就是说，它具有交换价值。如用 1 张兽皮去交换 25 千克粮食，25 千克粮食就成为 1 张兽皮的交换价值。

粮食和兽皮具有不同的使用价值，为什么可以按一定的比例相交换呢？这从它们的有用性即使用价值方面是无法得到解释的。我们不能说，因为兽皮可以御寒，因此一张兽皮就必须换若干斤粮食；反过来也不能说，因为粮食可以充饥，因此，25 千克粮食就必须换若干张兽皮。使用价值性质不同、用途各异，无法比较，因而不能确定它们之间的交换比例。两种不同的使用价值能够按一定比例相交换，它们中间必定存在着共同的可以相互比较的东西。这种共同的东西就是各种商品都是经过人类劳动生产出来的，它们内部都包含着人类劳动。

人类劳动凝结在商品中形成了商品的价值。使用价值不同的商品可以按一定比例相交换，就是因为它们都是劳动产品，都具有价值。价值在质上是相同的，不同商品所包含的价值，只有量上的差别，因而它们就可以相互比较。价值是交换价值的基础，交换价值则是价值的表现形式。

重点提示

商品的使用价值是指商品能够满足人们某种需要的属性。商品的价值是指凝结在商品中的无差别的人类劳动。

☞各抒己见

我们购买商品需要货币，商品和货币是不是一起产生的？

☞参考分析

最初的商品交换是物物直接交换，随着交换的扩大，交换的难度越来越大。因为交换成功必须是交换双方都需要对方的商品。在交换中人们发现，某种商品大家都乐意接受，把自己的商品先换成它，再用它去换自己需要的商品，只要交换两次就成功了。于是，这种大家都乐意接受的商品，就逐步从商品中分离出来，成为商品交换的中间媒介，我们把它叫作一般等价物。货币就是从商品中分离出来固定地充当一般等价物。货币的本质是一般等价物。

（二）货币的产生

原始社会末期，当时人们还不是专门为交换而生产，仅仅是把自己消费以后的剩余产品拿来交换，这种交换还带有偶然的性质。简单的或偶然的价值形式是和商品交换的这一发展阶段相适应的，这种价值形式的公式是：1 只绵羊＝25 千克谷物。

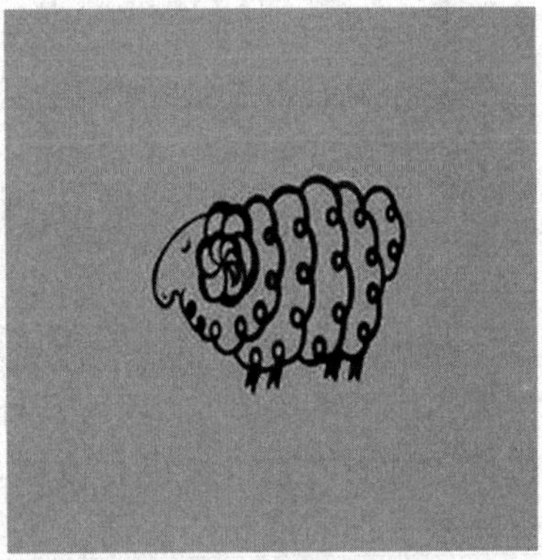

在这个公式中，两种商品处于不同的地位，绵羊把它的价值表现在谷物上，处于相对价值形式的地位，即它的价值是在别的商品上相对地得到表现的。就好像糖的重量不能从糖本身得到表现，而只能由砝码相对地表现出来一样，在上面的公式中，谷物处于等价形式地位，是作为等价物充当表现绵羊价值的材料。

知识链接

两种商品在数量上的对等关系，不是一成不变的。随着劳动生产率的变化以及相应的生产商品的社会必要劳动时间的变化，商品的价值量也会发生变化。由于两种商品价值量变动的方向和程度不同，因而两种商品在数量上的对比关系会发生多种情况的变化。

随着社会的发展，交换的东西就多起来了，商品交换的范围也扩大了，于是就出现了扩大的价值形式。其公式是：1 只绵羊＝25 千克谷物＝1 把斧头＝7 米麻布＝6 毫克黄金＝……

从上面的公式可知，由于有许多商品成为绵羊的等价形式，于是绵羊的价值就能够比较充分地表现为没有差别的人类劳动的凝结。

商品交换的进一步发展，要求能够出现一种商品来作为各种商品相互交换的媒介，从而使各种不同商品的价值都可以由一种商品来表现。这样，就可以解决扩大价值形式下商品交换的困难，于是就出现了一般价值形式。其公式是：25 千克谷物＝1 把斧头＝7 米麻布＝6 毫克黄金＝……＝1 只绵羊。

在上面的公式中，由于各种商品都直接和绵羊相交换，绵羊就成了一般等价物。不管哪种商品只要首先换成了绵羊，就可以用绵羊换回自己所需要的东西，于是商品价值获得了统一的表现形式，因此称为一般价值形式。

在人类社会的不同历史时期，不同的国家和地区，充当一般等价物的商品各种各样，像牲畜、贝壳、布匹、金属器具等都曾充当过一般等价物。随着交换的发展，一般等价物才固定地由金和银这些贵金属来充当。当金、银等贵金属固定充当一般等价物时，就过渡到了货币价值形式。

重点提示

一般等价物的不固定、不统一使商品交换仍有许多不方便。由于金银体积小、价值大、便于携带、久藏不坏、质地均匀和容易分割等自然属性，金银逐步地从商品中分离出来，固定地充当了一般等价物。货币就是从商品中分离出来固定地充当一般等价物的商品，其本质是一般等价物。

（三）货币的基本职能

货币是在商品经济的发展过程中自发产生的，它体现了商品经济条件下人们的相互关系。货币的职能是随着商品经济的发展而逐渐完备起来的。在发达的商品经济中，货币具有以下五种职能。

1. 价值尺度

货币作为衡量和计算一切商品价值量的尺度，就是价值尺度的职能。货币之所以能够用来衡量一切商品的价值，是因为它本身也有价值；如果本身没有价值，就无法衡量别的商品的价值。正如可以衡量其他一切物品长度的尺子，其本身也必须具有一定的长度一样。

2. 流通手段

货币作为买卖商品的手段来使用，就是流通手段的职能。货币作为流通手段，起着商品交换媒介的作用。以货币为媒介的商品交换就是商品流通。

3. 贮藏手段

货币是一般等价物，谁有货币谁就可以任意购买各种商品，于是货币就成了社会财富的一般代表。货币的这种性质，引起了人们贮藏货币的欲望。货币退出流通而作为社会财富被人们贮藏起来，就是贮藏手段的职能。

4. 支付手段

随着商品经济的发展，出现了赊账买卖，在赊购到期以货币来偿还债款时，货币便执行支付手段的职能。货币作为支付手段，还可以用来支付租金、利息、工资等。

知识链接

在存在支付手段的条件下，许多商品生产者以赊账买卖的方式发生了债务关系，形成债务链。例如，甲欠乙的钱，乙欠丙的钱，丙欠丁的钱，如果其中任何一个人因故未能按期偿还债务，就会影响其他一系列人支付欠款，由此引起的连锁反应，会使许多商品生产者因缺乏货币而无法继续生产。

5. 世界货币

货币超出一国的范围，在国际经济关系中充当一般等价物的作用，就是货币的世界货币职能。

在货币的五种职能中，价值尺度和流通手段是它的基本职能，货币一旦产生就同时具有了这两种职能，其他几种职能是随着商品经济的发展而逐渐产生的。

（四）纸币和信用工具

纸币既然可以代替金属货币执行流通手段的职能，那么它的流通量是怎样决定的呢？如果国家发行的纸币和流通中所需要的金属货币量相适应，那么纸币就能完全代表金属货币量正常流通，物价就可保持稳定；如果纸币发行量少于流通中所需要的金属货币量，就可能有一部分商品因缺少流通手段而不能流通；如果纸币的发行量超过了流通中所需要的金属货币量，纸币发行量再多，也只能代表流通中所需的金属货币量，所以，就会发生纸币贬值、物价上涨的情况，这就是通货膨胀。

重点提示

通货膨胀是指流通中的纸币超过了商品流通所实际需要的货币量而引起的纸币贬值、商品和服务的货币价格总水平持续上涨的现象。纸币发行过少，会造成通货紧缩。通货紧缩是指市场上流通的纸币减少，人们的购买力下降，物价水平下跌的现象。二者都属于经济发展过程中的不正常现象，都会导致经济发展速度和质量的下降。

纸币超过流通中所需金属货币量的发行量，与单位纸币所代表的货币价值成反比，与物价上涨的程度成正比。有的国家在某个时期，为调节经济也采用通货紧缩政策。通货紧缩是指在市场流通中收缩货币供应量或者减少纸币发行量，使之少于市场上媒介商品流通所需要的货币量，以减轻纸币贬值的程度或使纸币升值，使得市场上商品的价格下降，从而提高货币购买力。

重点提示

货币作为表现和衡量其他一切商品价值大小的职能，叫价值尺度。货币之所以能够作为价值尺度，是因为货币本身是商品，也有价值，如同尺子本身有长度，可以用来衡量物品的长度一样。

为了用货币来衡量商品价值量的大小，必须给货币本身确定一种计量单位，历史上金银充当货币时一般采用的是重量单位，如斤、两等；纸币产生后，采用了专有的计量名称，如人民币、美元的"元"等。通过一定数量的货币表现出来的商品的价值，叫价格。货币执行价值尺度职能，就是把商品的价值表现为一定的价格。

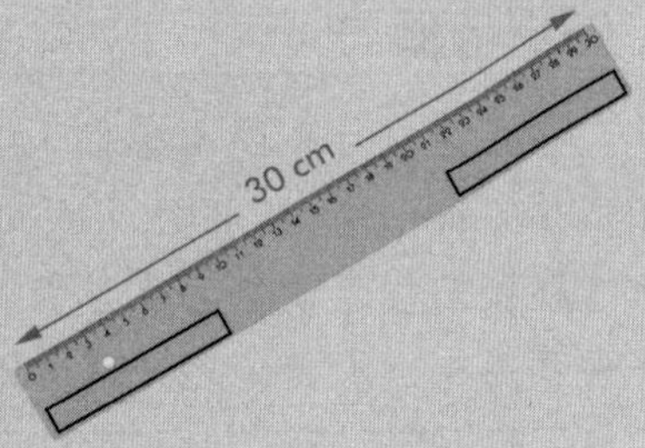

知识链接

如何理解"一手交钱一手交货"

最初的商品交换是物与物的直接交换，交换的方式是：商品—商品。货币产生以后，商品所有者首先将自己的商品卖出去，取得一定数量的货币，然后再用货币买回自己需要的其他商品。此时交换的方式是：商品—货币—商品。货币充当商品交换媒介的职能，叫作流通手段。执行流通手段的货币只能是现实的货币，不能是观念上的货币，"一手交钱一手交货"，就是这个道理。

☞**各抒己见**

什么是纸币？纸币为什么能代替金属货币执行流通手段职能？

☞**参考分析**

金银等贵金属的货币，在每一次交换过程中，都要称重量、查成色，使用起来很不方便，于是就出现了由国家铸造的具有一定的成色形状、重量和面额价值的金属铸币。早期的金属铸币往往是足值的。但是随着运输和使用的磨损，这些货币很容易变得不足值，但这并不影响它同足值的金属货币一样使用。人们由此而意识到可以用其他的东西代替货币进行流通，于是就出现了纸币。纸币是由国家发行并强制使用的货币符号。

在现实生活中，我们会用到信用卡、储蓄卡、支票等，这些就是信用工具。

(1) 支票、信用卡。是活期存款的支付凭证，是出票人委托银行等金融机构见票时无条件支付给持票人或收款人的票据。

(2) 电子货币。是用电子计算机进行贮存、转账、购买、支付的电子货币。电子货币的载体是各类信用卡。

☞**各抒己见**

王达在学校使用校园卡，这小小的“一卡通”使他的校园生活变了样。过去，校园购物、食堂就餐、校内看病、预约上机都要交现金，现在，只要将卡在 POS 机上轻轻地一刷，转瞬间一切账目就结清了。大家说：“真没想到，小小的校园卡竟这么神奇。”现金消费和刷卡消费有什么不同？

☞**参考分析**

持卡人可使用信用卡购买商品或享受服务，也可以使用信用卡存取现金或转账结算。信用卡能减少现金的流通，提供结算服务，方便购物消费，简化收款手续，增强消费安全，给持卡人带来极大的便利。

二、商品价格的变动

（一）商品价格变动的因素

价格是用货币表现的商品价值，可以通过影响商品的需求量或供给量来影响商品价格。例如雹灾中的苹果产量减少，苹果价格大幅度上涨，体现的是气候因素对价格的影响，而实际上，雹灾中的苹果是由于气候变化，造成苹果产量大幅减少，影响苹果的供给量，使供求关系发生变化从而影响苹果的价格。

☞**各抒己见**

2008 年 10 月 20 日，四川广元柑橘蛆虫传言蔓延，仅半天时间，全市柑橘全面滞销，全国各地经销商生意大赔，橘子卖不出去，橘农望着成熟的果子一筹莫展。祸起何处呢？原来是当地一个果农在柑橘园内发现大实蝇，被一网友发布到网络上。消息的广泛传播，造成消费者对柑橘安全感严重丧失，引起大家恐慌，都不敢买了。广元柑橘为什么卖不出去了？你能举出引起价格波动的其他因素吗？

☞**参考分析**

除供求外，影响商品价格的因素还有气候、时间、习俗等，甚至网络的流言等因素也会改变商品供求关系而引起价格的波动。

（二）商品价值决定价格

各种商品的价值在质上是相同的，都是凝结在商品中的人类一般劳动，因而各种商品的价值只有量的区别。那么，商品价值的量是怎样确定的呢？既然商品价值是人类一般劳动的凝结，因此商品价值的量就是由生产商品的劳动的量决定的。衡量劳动量的单位是劳动时间，所以商品价值量是由生产商品的劳动时间决定的。

那么，是不是说商品生产者的工作条件越差，生产技术越低，工作越懒惰，耗费的劳动时间越长，他所生产的商品的价值就越大呢？当然不是。由于商品的价值是社会劳动的结晶和表现，私人劳动只有在它是社会必要劳动的条件下，才形成价值。所以，商品的价值量不是由某个商品生产者所消耗的个别劳动时间决定的，而是由生产商品的社会必要劳动时间决定的。

什么是社会必要劳动时间呢？社会必要劳动时间是指在现有的社会正常的生产条件下，在社会平均的劳动熟练程度和劳动强度下制造某种使用价值所需要的劳动时间。所谓现有的社会正常的生产条件，就是指现时某一生产部门大多数产品生产已经达到的技术装备水平。例如，全社会每年棉纱生产量是 100 万件，其中 80 万件是用纺纱机生产出来的，只有 20 万件是用手摇纺车生产出来的，那么，使用纺纱机就是棉纺部门现有的社会正常的生产条件。

知识链接

劳动生产力的水平取决于各种经济和技术因素，如劳动者的熟练程度，科学的发展水平和它在工艺上应用的程度，劳动组织是否合理，生产设备的组合和效能，劳动对象的状况以及自然条件等。劳动生产力越高，在单位时间内生产的使用价值量就越多，但所形成的价值量却不会变，因而平均到单位产品内的价值量就越少。所以，单位商品的价值量与包含在商品中的社会必要劳动量成正比，而与生产这一商品的劳动生产力成反比。

（三）价值规律的作用

在社会生产中，是价值规律在支配着商品经济的发展。价值规律是商品经济的基本规律。

价值规律：商品的价值量是由生产商品的社会必要劳动时间决定的，商品的交换比例以商品的价值量为基础。

☞各抒己见

是不是在商品交换中，商品的价格必须与价值完全一致呢？

☞参考分析

商品价格与价值相一致只是一种偶然情况，不一致则是经常现象。这是因为，商品价格虽然以价值为基础，但影响价格变动的因素多种多样，其中主要的是市场商品的供求关系。当某种商品供不应求时，由于商品的购买者的竞争，使商品价格可能上涨到价值以上。相反，当某种商品供过于求时，由于商品的出卖者的竞争，使商品价格会降到价值以下。商品供求矛盾的客观存在，使得价格总是时而高于价值，时而低于价值，不停地围绕着价值上下波动。

价值规律是商品经济的基本规律，凡有商品生产和商品交换的地方，价值规律就必然起作用。价值规律在商品经济中对社会经济发展的作用，主要有以下几个方面：

（1）自发地调节着生产资料和劳动力在各社会生产部门之间的分配，即调节社会资源的配置。商品价格的高低，直接关系到商品生产者的经济利益。当某种商品供不应求，它的价格高于价值从而有利可图时，就会有一些商品生产者把自己拥有的生产资料和劳动力投入到这一部门中来。相反，当某种商品供过于求，它的价格低于价值从而生产者利益受损时，该商品的生产者就会把自己拥有的生产资料和劳动力从这一部门转移到另外的部门中去。

（2）价值规律的作用自发地刺激商品生产者改进生产技术，改善经营管理。商品生产者如果改进了技术，提高了劳动生产率，他的个别劳动耗费就会低于社会必要劳动耗费，但他在市场上仍可按照社会必要劳动时间决定的价值量出售商品，这样他就可以得到比别人更多的收入。相反，如果商品生产者的个别劳动耗费超过了社会必要劳动耗费，他就必然不赚钱甚至亏本。这两方面的情况都会刺激商品生产者不断改进生产技术，改善劳动组织，提高经营管理水平，提高劳动生产率，以求降低个别劳动消耗，谋取较高的盈利。

（3）促使企业生产适销对路的高质量产品。消费者是为了购买到质量好的商品，满足自己的生活需要，谁生产的商品质量好，谁的商品需求量就大，就能得到更多利润。这就要求生产者适应市场变化，做到“人无我有，人有我优，人优我专”，使自己的产品符合市场需要，符合消费者需要。

☞各抒己见

某地2007年春天开始猪肉涨价，到2007年下半年猪肉价格下跌，是什么原因造成猪肉价格忽上忽下？

☞参考分析

商品的需求量或供给量影响商品的价格。

三、丰富多彩的消费

（一）常见的消费方式

消费是社会再生产的一个重要环节，消费有广义和狭义的区分，广义的消费包括生产消费和生活消费，狭义的消费仅指生活消费，我们在这里考察的是狭义的消费。生活消费是指通过人们的食、衣、住、行、用等形式消耗一定的生活资料和劳务来满足自己各方面需要的行为和过程。

消费方式是指人们消费生活资料和劳务所采取的形式和方法。社会主义消费方式包括个人消费和社会公共消费。个人消费是指满足个人消费需要的消费活动，既包括纯粹个人的消费又包括整个家庭的消费。在社会主义市场经济条件下，个人消费是指通过劳动者个人及其家庭成员的货币收入，自由地在市场上选购各种商品和劳务，使个人及其家庭的消费需要得到满足。个人消费是分散进行的，具有很大的灵活性，它有利于劳动者合理安排开支，满足劳动者的特殊需求，调动劳动者的积极性。

社会主义消费结构随着社会主义经济的发展和经济结构的优化而日益合理化与科学化。消费结构的合理化与科学化，是逐步把消费者培养成为全面发展的人所必需的物质条件。社会主义是共产主义的低级阶段，它必须为向高级阶段的过渡准备条件，而劳动者成为全面发展的新人，正是向共产主义高级阶段过渡所必需的条件。所以，社会主义消费结构必须随着社会主义经济的发展和经济结构的优化而日益合理化和科学化。

知识链接

在国际上常用恩格尔系数，即购买食物的人均支出占消费总支出的比重，来反映国民生活水平的高低。联合国粮农组织提出的标准是：恩格尔系数在59%以上为贫困，50%～59%为温饱，40%～49%为小康，30%～39%为富裕，低于30%为最富裕。我国农村居民家庭恩格尔系数为40%左右，城镇居民家庭恩格尔系数为30%多。这表明我国城镇居民的消费水平已接近较发达国家水平，农村居民消费水平也已进入小康。

（二）影响消费方式的因素

消费水平的提高最终取决于社会物质财富的增加，只有生产发展了，国民收入提高了，在积累和消费比例不变的情况下，消费基金才可能增大，消费水平的提高才有了坚实的基础。同时，要调整产业结构，提高消费品的档次，大力发展适合广大人民需要的消费品生产和消费服务业。消费水平直接受制于可供消费的消费品生产，只有在消费资料不断丰富的前提下，人们的消费水平才有可能提高。为此，必须调整和优化我国的产业结构，切实把农业、轻工业，特别是第三产业在产业结构中的比重合理地增大。

影响消费方式的因素是多方面的，但主要的因素有以下几方面：

（1）生产力状况。生产决定消费，不同的生产力发展水平决定着相应不同的消费方式。生产出什么样的消费资料、其数量多寡、如何进行生产，才能有什么样的消费方式。随着生产力水平的不断提高，生活资料日益丰富多彩，消费方式也将不断地多样化。

（2）社会制度。不同的社会制度下存在不同的社会集团、存在不同的消费品分配关系；不同的社会制度下存在不同的社会生产目的；不同的社会制度下存在不同的价值观和人生观以及不同的消费观念。这一切都对消费方式起着直接的决定作用。

（3）社会文化发展状况。社会整体文化水平高低是社会文明程度高低的标志，而社会文明程度直接影响消费方式的文明程度。不同文化水平的个人和家庭，其消费需要表现出很大的差异。一般来说，高层次文化水平的个人和家庭，注重文化精神消费，而低层次文化水平的个人和家庭则注重物质消费。

重点提示

不同国家、地区、民族的风俗习惯影响着各自的消费方式。

消费结构是指一定时期里人们在消费过程中所消费的各种消费资料和劳务消费的组成和比例关系。消费结构可以从不同的角度来分类：按消费需要的层次来分类，可分为生存资料的消费、享受资料的消费和发展资料的消费；按消费方式的不同来分类，可分为个人消费和社会消费；按消费对象的不同使用价值来分类，可分为吃、穿、住、行、用等消费；按取得消费对象的方式不同来分类，可分为自给性消费和商品性消费；按消费商品的价值来分类，可分为低档、中档和高档消费品的消费；等等。

重点提示

人们的收入水平和物价状况影响消费。人们的收入水平直接影响购买力的大小，而购买力的大小会直接影响消费水平高低，从而影响消费结构。在人们收入一定的情况下，物价高低直接影响人们的实际购买力，从而影响消费结构。另外，商品的比价和差价是否合理也直接影响消费需求，从而制约消费结构。

重点提示

不同年龄、性别、职业的人有着不同的消费心理，这就会影响对不同消费资料的选择。而消费习惯对人的消费具有很大影响，例如不同的节日、不同的地区有不同的消费习惯，自然会影响消费结构。

（三）树立正确的消费观

我们在日常生活中，应该树立合理的消费观念：量入为出，适度消费；合理消费，理智消费；勤俭节约，艰苦奋斗。我们要认识合理消费的重要性，树立积极合理的消费观，分清日常生活中良好消费行为或不良消费行为；培养健康的生活方式，具备积极、健康的消费习惯；坚持正确消费观，反对错误消费观。

不要高消费：要适应我国的生产力水平，不能脱离我国经济发展的现实而盲目追求高消费，应随着生产力的发展而逐步改变消费结构。

不要盲目消费：要服从社会主义生产目的的要求，使消费结构尽可能有利于培养劳动人民成为有理想、有文化、有道德、有纪律的社会主义新人，促进人们体力智力的全面发展。

消费要有利于合理地使用我国的经济资源，有利于节约社会劳动。

本课小结

通过学习货币在商品交换中的作用及基本职能，明确常见的信用工具的用途，理解金钱在现代经济生活中的意义。学习影响商品价格变化的因素，理解价值规律的内容及表现形式，从而理解商品和服务价格的变化对我们生活的影响。在比较消费行为的差异中，辨析消费观念的变化，树立正确的消费观，做理智的消费者。

思维拓展

1. 简述商品的概念与货币职能。
2. 如何理解价值规律在经济发展中的作用？
3. 我们应该树立什么样的消费观？

第2课

企业的生产与经营

学习目标

1. 企业提高经济效益的途径。
2. 企业成功的主要因素；如何提高劳动者的素质。
3. 企业的经营发展，企业的优胜劣汰。
4. 劳动者的就业观和提高素质的途径。

重点知识

1. 明白企业和公司的区别。
2. 企业提高经济效益的重要意义。
3. 如何提高企业的经济效益。
4. 如何树立正确的就业观。

运　用

明白企业和公司的区别，认识企业提高经济效益的重要意义。树立正确的劳动观，做一个合格的劳动者。

案例导入

太原钢铁（集团）有限公司始终把“自主创新”作为企业发展的不竭动力和源泉，通过科技创新，形成了一大批具有自主知识产权的新技术和新工艺，拥有700多项以不锈钢为主的核心技术，其中近100项核心技术具有国际水平。这些新技术，形成了客车用冷轧板、船用中板、汽车用冷轧板、耐热不锈钢中板、不锈钢复合板、不锈钢中厚板、铁道机车轴用钢和军工用钢共八大类100多种规格型号新产品。其中，不锈钢货车、不锈钢地铁车及火车客车、机车车轴用钢和火车轮用钢等产品，分别占到全国市场份额的70%以上。

讨论：太原钢铁（集团）有限公司是如何进行自主创新的？自主创新为什么能提高经济效益？

一、企业的生产发展

（一）企业和企业的主要类型

企业是以营利为目的，从事生产经营活动，向社会提供商品或服务的经济组织。企业是现代经济活动的基本生产经营单位，是重要的微观经济活动主体，在社会经济活动中具有十分重要的地位。

企业作为国民经济的基本单位，根据不同的标准，可以划分为各种不同的类型。

根据企业的组织形式分为个人独资制、合伙制、合作制和公司制等，其中公司制是现代企业主要的和典型的组织形式。

根据企业的经营内容和行业属性分为：工业企业、农业企业、商业企业、交通运输企业、建筑安装企业、邮电企业金融企业、科技企业。

根据企业的所有制性质分为：全民所有制企业、集体所有制企业、私营（个体）企业、混合所有制企业和外商独资企业。

根据企业的规模分为：大、中、小型企业。

根据企业的生产要素构成的比例分为：劳动密集型企业、资金密集型企业、技术密集型企业。

我国《公司法》按出资的构成和出资者对公司债务所承担的义务，将公司分为有限责任公司、有限责任独资公司和股份有限公司三类。

有限责任公司是指由两个以上、五十个以下股东共同出资设立，以其出资额为限对公司承担责任，公司以其全部资产对公司的债务承担责任的企业法人。

股份有限公司是指由一定人数的股东发起设立，全部资本分为等额股份，股东以其所持股份为限对公司承担责任，公司以其全部资产对公司债务承担责任的企业法人。

有限责任公司不上市，不发行股票集资，所认的股份也不能随便转让；股份有限公司发行股票集资，股票可以自由流通、转让。无论是有限责任公司还是股份有限公司，都由若干人共同出资组建，这些人叫股东；股东都仅以其认购的股份对公司的债务负有限清偿责任。

重点提示

公司是依法设立的，全部资本由股东共同出资，并由股份形式构成的，以营利为目的的企业法人。公司是企业的重要形式，是从事生产、流通或服务性活动的经济组织，实行自主经营，独立核算。

（二）国有企业是社会主义经济的主体

国有企业是按国家经济管理机关政策的规定，使用一定量的资金进行生产和经营，并以营利为目的的基本经济单位。国有企业进行商品生产时，需要有一定数量的资金由企业来占有、支配和使用。但这部分资金的最终所有权仍归国家所有。社会主义国家所有的资金，只有用于投资原有的国有企业，或兴建新的国有企业，才能把这些资金用于发展社会主义国有经济。

国有企业是社会主义经济的重要基础。社会主义国有企业进行的是商品生产。国有企业进行商品生产，是和市场密切联系在一起的。企业在开始生产之前，购买生产资料和招收职工的过程要经过市场。国有企业生产出来的商品，必须通过市场进行销售。因此，国有企业的商品生产，必须遵循市场规律的要求，具体表现为遵循市场的价值规律和供求规律。

国有企业是我国国民经济的主导和支柱，在关系国民经济命脉的重要行业和关键领域中占据支配地位。它拥有雄厚的经济实力，是发展社会主义国民经济和建设社会主义现代化强国的重要力量，对建设中国特色的社会主义社会具有决定性作用。

知识链接

现代企业制度有四个基本特征：

（1）产权清晰。

（2）权责明确。

（3）政企分开。

（4）管理科学。

（三）提高经济效益的主要途径

第一，企业必须有强有力的领导集体和领导者。要管理好国有现代企业，使它们能不断改善生产经营，不断取得发展，强有力的领导集体和领导者是必需的。

第二，企业应有科学的生产经营决策。企业要按照市场经济的要求，完善和严格内部经营管理，提高决策水平。决策必须符合市场供求关系和发展变化的需要。企业领导者在做生产经营决策时，既需要考虑生产的某种商品现时市场需求的程度，又要考虑这种商品市场需求的变化，及早做出研制、开发和生产其他新产品的决策。

第三，把责、权、利结合起来。企业必须把责、权、利结合起来。企业的领导者和每个职工，以他们所应有的权力和应负的责任，完成他们应做的工作和劳动任务，就应得到相应的工资；超额完成任务，则应获得奖金；完不成任务，不但不能得到奖金，甚至要降低所得工资。要坚持按劳分配原则，以经济手段刺激每个领导者和每个职工的劳动积极性。把责、权、利结合起来，提高全体职工的劳动积极性，是提高企业生产经营管理水平的重要条件。

第四，不断提高企业职工的文化科学和技术水平。经济发展后劲的大小，越来越取决于劳动者的素质，取决于高技能人才的数量和质量。

总之，企业管理的好坏，与企业生产经营的效果、企业的盈利或亏损有着极其重要的关系。所以，企业要建立科学的领导体制和组织管理制度，以调节出资者和经营者及职工之间的关系。在企业内部要完善激励机制，使这种机制能调动各方面生产经营的积极性；同时，必须建立起约束机制，使所有者、经营者和职工受到应有的制约，齐心协力把企业的生产经营搞好。

二、企业的经营发展

（一）企业经营成功的主要因素

1. 制定经营战略，确定准确的市场定位

企业经营战略是指在分析外部环境和内部条件的基础上，为在竞争中求生存和发展而做出的总体的、长远的谋划与对策。企业必须具有市场意识。企业最根本的经营战略，就是能真正了解消费者的需求，切实按照消费者的需求来设计和生产适销对路的产品，满足人民群众日益增长的物质和文化生活需要。只有这样，企业才能在激烈的市场竞争中取得优势。

2. 利用网络平台，实现企业的信息管理

企业信息化，即挖掘先进的管理理念，应用先进的计算机网络技术去整合企业现有的生产、经营、设计、制造、管理，及时地为企业的“三层决策”系统（战术层、战略层、决策层）提供准确而有效的数据信息，以便对企业的治理和运营情况做出迅速的反应，形成“数字神经系统”。

3. 诚实信用经营，树立良好的品牌形象

品牌是一个企业的“诚信”标识，是企业的无形资产。品牌直接关系到企业形象、地区形象乃至国家民族形象。质量是品牌的基石，没有一流的质量，就不能赢得消费者的青睐。在创立品牌的过程中，只有加强产品质量管理，将优质产品推向市场，才能赢得消费者的信赖，强化企业产品在顾客心中的地位。诚实经营、注重品质和信用才能促进企业的发展壮大。

☞各抒己见

为什么开发和生产市场需要的新产品，可以提高企业的竞争力？

☞参考分析

要生产符合市场需求的商品，企业就要不断开发和生产新产品，创造具有自主知识产权的品牌。市场对商品的需求是不断变化的。由于生产不断发展，人们的购买能力不断提高，一切商品更新换代的周期也缩短了。在企业生产经营的实际过程中，任何企业如果生产的产品在样式和性能上是陈旧的，就难以销售出去。企业要使生产出来的商品在市场上持续畅销，就必须适应市场需求的变化，及时开发出新产品，这是由市场的竞争规律所决定的。

知识链接

在市场竞争中要取得胜利，企业所生产的商品，除质量好之外，价格便宜也是非常重要的条件。因此，企业在生产产品时，必须采取各种措施降低成本。在生产的商品成本中，包括采购生产资料的费用、生产过程物化劳动和活劳动的消耗及商品销售的费用。在采购生产资料时，要采购符合质量要求的、价格低的，还应在最近的市场上采购，以节约运费；在生产过程中，尽量节约原料、燃料、电力和辅助材料的消耗，尽量使劳动组织合理化，以节约活劳动的消耗。在推销生产的商品时，应消灭运输中损坏商品的现象，以最快的时间，最短的运输路线，把商品运送到销售市场上去。把生产和经营各环节的费用降下来，商品的成本也就随之而相应地降低，从而就会使销售的商品价格也比较低廉。比同种同质商品以较低的价格销售，不但会盈利，也会使企业的生产得到更快的发展。

（二）企业经营的优胜劣汰

1. 企业联合

企业联合是指大企业之间为了增强市场竞争力，获得更大经济效益而实行的合营或合并。市场如同竞技场，大家都按照统一的竞技规则参与竞争，谁的实力雄厚，谁的竞技能力强，谁就会处于优势地位；谁缺乏实力，谁就会被淘汰出局。优胜劣汰是市场竞争的铁的法则和必然结果。一汽和夏利通过联合，增强了市场竞争力，获得了更大的经济效益。

2. 企业兼并

企业兼并是由经营管理好的、经济效益好的优势企业，吞并那些经营不善、企业效益差、长期亏损甚至资不抵债的劣势企业。实行企业兼并，有利于资源的优化配置和产业结构的合理调整，增强企业竞争力和强化企业风险意识。

3. 企业破产

企业破产，就是对那些长期亏损、资不抵债而又扭亏无望的企业，按法定程序实施破产结算的经济现象。在市场竞争中破产一批素质差、效益低、不符合市场需求的企业，使资源向效益好的企业和行业集中，可以扩大优势企业的规模，增强优势企业的实力，实现以优带劣的调整，把劣势转化为优势，提高企业和整个社会的资源利用效率。

知识链接

企业竞争力的核心在于提高企业在技术上的自主创新能力。采用新技术，就是采用新的机器设备，采用新的加工工艺。生产某种新商品，提高商品的质量，需要更新陈旧的机器设备，采用新的机器设备。开发生产新产品，还需要改变旧工艺，采用新工艺，提高劳动者加工工艺的技术水平。采用新工艺，又必须以采用先进的机器设备为基础。采用新技术，能大大提高劳动生产率。

案例分析

青岛海尔股份有限公司于 1993 年 10 月 12 日向社会公开发行股票，并于同年 11 月 19 日在上海证券交易所上市交易。上市 20 多年来，公司取得了长足的发展。公司良好的业绩也渐为广大投资者所认同。

讨论：海尔品牌代表着一个企业，海尔成功的原因是什么？作为海尔集团员工应具备什么素质？

三、新时代的劳动者

（一）劳动创造幸福生活

1. 劳动最光荣

我们的日常生活离不开各种各样的产品和服务。小到吃穿，大到飞机、人造卫星，都是劳动者的劳动成果。一个人的价值不是从社会上获得了多少，他的价值是在为社会做贡献的过程中体现出来的。没有劳动作为依托，个人的价值也就没有任何意义。

劳动者通过参加劳动取得报酬，以满足和提高生活需要，创造美好的未来生活。只有在劳动中，人们才能够享受劳动的喜悦，追求人生价值的实现。但在日常生活中还是有些人好逸恶劳，或不能正确认识劳动带来的快乐，没有价值成就感，而使自己碌碌无为。在我们社会主义国家中，要以辛勤劳动为荣，以好逸恶劳为耻，使热爱劳动、尊重劳动蔚然成风。

2. 就业是民生之本

劳动就业是民生之本，党和政府把扩大就业放在经济社会发展的突出位置，大力实施扩大就业的发展战略，积极完善支持自主创业的政策。每个劳动者都要艰苦奋斗，自强不息，树立正确的择业观念，走向合适的工作岗位，靠自己的双手开创新的生活。

3. 树立正确的就业观

树立职业平等观。各行各业的劳动者，都靠辛勤的劳动创造社会财富，没有高低贵贱之分。不论是体力劳动还是脑力劳动，不论是简单劳动还是复杂劳动，一切为我国社会主义现代化建设做出贡献的劳动，都是光荣的。

树立自主创业观。利用一切可以利用的资源自己创业，不仅能够找到合乎自身能力、意愿的职业，还能够在创业过程中寻找机会，发挥才干，发掘潜能，陶冶情操，促进自我完善。

树立灵活就业观。现代市场经济和信息技术导致就业形式多样化，自由职业者，如律师、作家、自由撰稿人、翻译工作者、家庭小时工等就业方式不断增加，只要是依法从事有一定报酬的劳动，能为社会发展做出贡献，都可以灵活选择。

（二）全面提高劳动者素质

劳动是个人价值的体现。没有劳动就没有个人的价值。特别是现在的竞争环境和就业情况，要求我们必须尽可能地提高自己的素质。

劳动者的素质主要有三个：

一是良好的思想道德素质。思想道德素质在职业活动中的具体表现就是职业道德。为人民服务是社会主义道德的核心，其基本要求是：爱岗敬业、诚实守信、办事公道、服务群众、奉献社会。

二是过硬的专业技能素质。劳动者的专业技能素质是企业生存与竞争力的关键所在，也是劳动者自身的核心竞争力。

三是强健的身体心理素质。身体心理素质是劳动者思想道德素质和专业技能素质的基础，没有良好的身心素质，就失去了自身的精神支柱。

本课小结

通过本节课的学习，掌握企业的基本知识和企业提高经济效益的途径和方法，有助于培养我们的职业意识，提高自己的职业能力和职业素质。通过现在的学习，提高技能，将来进入社会与企业，为社会与企业做出更大的贡献。

思维拓展

1. 企业主要包括哪些类型？
2. 如何提高企业的经济效益？
3. 如何树立正确的就业观？

第3课

个人的收入与理财

学习目标

1. 个人收入的分配方式；效率与公平的辩证关系。
2. 税收的种类和特征；储蓄存款和商业银行。
3. 识别股票、债券与商业保险的含义和区别。

重点知识

1. 正确认识现实生活中的收入分配差距。
2. 概括出各种投资方式的特点。
3. 税收是国家收入的重要组成部分。
4. 培养良好的投资观念。

运　用

提高技能水平，为劳动致富打下基础；运用效率和公平的关系，正确分析社会中出现的贫富差距和国家的相关调控政策；会计算个人所得税，能正确行使纳税人的权利和义务；学会根据自己在职业生涯不同阶段的收入，合理地选择投资品种和理财渠道，让自己的财富增值。

案例导入

华西村多年来由小到大、由弱到强的变化过程，实际上就是一个“发展、税收、民生”共同促进、相辅相成的过程。现在的华西村集体经济发展壮大，职工村民的福利待遇日益增加，免费享受20多项福利待遇，生活、住房、上学、就医等方面无后顾之忧，人人安居乐业、生活幸福。

讨论：华西村村民的工资加奖金及入股收入分别属于什么分配方式？华西村村民理财的方式主要是什么？华西村多年来由小到大、由弱到强的原因是什么？

一、我国的分配制度

（一）实施以按劳分配为主体、多种分配方式并存的分配制度的必然性

在社会主义初级阶段，全社会的个人收入分配结构，是以按劳分配为主体、多种分配方式并存的结构，这是由社会主义初级阶段的客观经济条件所决定的。这种分配方式与我国现阶段生产力的发展水平相适应。根据生产关系一定要适应生产力发展的规律，生产力的发展状况决定分配方式。我国现阶段生产力总体水平低、发展不平衡和多层次的状况，不可能实行单一的分配方式，必然存在多种分配方式。

多种分配方式的并存，还由于社会主义社会存在着多种经营方式。除了不同的所有制经济具有不同的经营方式外，在社会主义公有制中，也存在多种经营方式。按照出资者所有权和企业法人财产权分开的原则，根据企业的性质、规模和技术特点，分别实行国有国营、股份制经营、承包经营、租赁经营等经营方式。在这些不同的经营方式中，所有者、经营者、劳动者的职能和相互关系必然不同，从而他们获得收入的方式也就各异。

社会主义市场经济体制的建立，要求实行多种分配方式。因为在市场经济中，各种社会生产要素在物质资料生产过程中起着不同的作用，而且社会生产要素的合理配置主要由市场机制来实现，各种生产要素都要通过市场买卖，才能进入物质资料生产过程，因而各种生产要素必然要参与收益的分配，形成多种分配方式。例如通过市场筹集资金和调配资金，发行股票或债券，就要以股息、红利、利息等形式支付股票或债券持有者。

在市场经济条件下，社会资源都由市场进行配置，生产经营所必需的生产要素都要通过市场买卖，市场机制支配着这些生产要素的买卖和流向，从而实现有效的配置。而在社会主义市场经济条件下，各种生产要素属于不同的所有者，他们都有着各自独立的经济利益，生产要素作为商品的买卖及其在生产经营过程中的投入，自然要向生产要素的所有者支付一定数量的货币或为生产要素的所有者带来相应的收入，这就意味着对生产要素的所有者实现了按生产要素的分配。

例如，在资本市场上的资本借贷和购买股票等，债权人可以获得利息、股息；房地产市场上土地或房产的租用，房地产所有者可得到地租、租金；技术、信息市场上谁提供取得经济效益的技术或信息，谁就能得到相应的报酬；等等，这些都属于按生产要素分配，是市场经济的必然要求。所以，在社会主义市场经济条件下，按生产要素分配具有客观必然性。

社会主义市场经济作为一种新型市场经济，是社会主义制度条件下的市场经济，是市场经济同社会主义根本制度的结合。社会主义市场经济条件下的所有制结构是以公有制为主体的多种所有制经济共同发展的结构，社会主义公有制下的个人收入分配是按劳分配。在公有制经济中工作的广大劳动者是生产资料的主人，不是劳动力出卖者，他们的工资收入不是劳动力商品价值，而是消灭了剥削关系的按劳分配。

在社会主义社会的个人收入分配结构中，按劳分配居于主体地位。同时，随着我国社会主义市场经济的不断发展，市场对资源配置的基础性作用日益加强，各种生产要素市场不断发育，从而使按生产要素分配在个人收入分配中的比重随之增大。

由此可见，按劳分配和按生产要素分配相结合，是社会主义市场经济的客观要求，离开了按劳分配，就离开了社会主义；否定了按生产要素分配，也就不是市场经济。

☞各抒己见

在我国，个人收入的分配除去按劳分配之外还存在多种分配方式，具体有哪些？它们各有什么特点和作用？为什么在我国存在多种分配方式？

重点提示

按劳分配作为经济规律，它的本质要求就是劳动者为社会和集体提供了自己的劳动，经过各项必要的社会扣除后，按照本人所提供的劳动的数量和质量，领取等量的消费品。在这里，劳动是分配消费品的唯一尺度。因此，实行按劳分配，就要实行多劳多得、少劳少得、不劳动者不得的原则，使劳动者劳动收入的差别同劳动者在生产或工作中实际支出的劳动量的差别相符合，这样才是按劳分配。

知识链接

按劳分配同不劳而获是根本对立的

在按劳分配的条件下，有劳动能力的人要取得收入，就必须参加劳动，而不能游手好闲。如果有劳动能力的人不劳动而参与分配，就违反了按劳分配规律，就会产生剥削。

按劳分配同平均主义是根本对立的

平均主义要求缩小劳动收入的差别，多劳不多得，少劳不少得，使劳动收入不能反映劳动者在生产或工作中实际支出的劳动量的差别。平均主义是违背按劳分配规律的，它必然损伤劳动者的劳动积极性。

按劳分配的作用

按劳分配是社会主义的分配原则，它是对一切以剥削为特征的分配方式的根本否定，体现着个人消费品分配领域中社会主义性质的分配关系。

实行按劳分配可以有力地促进社会主义社会生产力的发展。

首先，实行按劳分配可以使劳动者的个人收入与他们付出的劳动的数量和质量直接联系在一起。劳动得多，劳动得好，收入就多，必然有力地激发劳动者的劳动积极性和创造性，推动劳动者努力学习科学技术，提高生产技能，改进和革新生产工具，提高劳动生产率。

其次，实行按劳分配有利于加强经济管理和劳动组织的健全与改善，因为按劳分配要求对劳动者的劳动数量和质量进行科学的计算和监督，要求企业有严格的定额管理制度、岗位责任制度、技术考核和质量检验制度、计划和财务制度等经济管理制度，否则就无法实现以劳动的数量和质量作为分配的标准。

最后，实行按劳分配使劳动者与劳动成果直接地联系起来，因而有助于促进劳动者自觉地对产品的生产与分配进行监督，自觉地同各种贪污盗窃以及有损于社会主义经济利益的坏人坏事进行斗争，同时也有利于限制剥削和反对懒惰。

（二）兼顾效率与公平

1. 效率的含义

效率指的是经济活动中投入与产出或成本与收益的对比关系，即以最少的代价（时间、资源、人力等）取得最多的收益。人们总是追求以最少的投入取得最大的成果。讲求效率是发展社会主义市场经济的客观要求。只有讲求效率，才能提高资源的使用效率，防止平均主义，为实现社会公平和构建社会主义和谐社会奠定坚实的物质基础。

2. 公平的含义

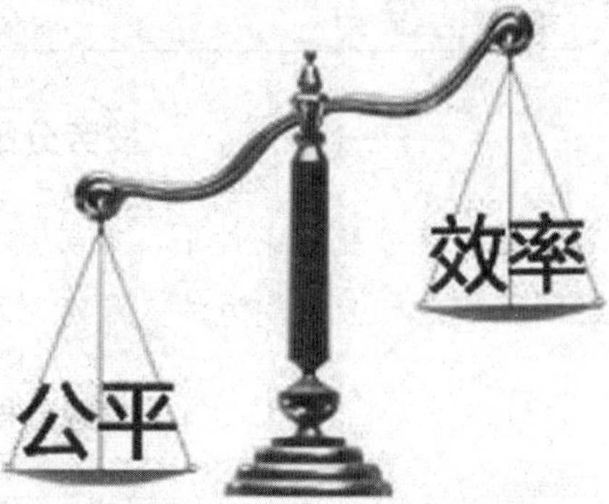

公平包括起点公平、规则公平和结果公平。起点公平意味着每个人不管他的出身、能力、背景如何，都能够有同等的机会参与公共利益的分配。规则公平是指人们能够充分发挥自己的能力和优势，从而获得相应的利益，实现各尽所能、各得其所。结果公平就是社会的一切财富和利益要均衡分配于全体公民，使全体社会成员都能公平地分享社会发展的成果。当然，结果公平并不是平均主义。

3. 效率与公平的辩证关系

一方面，效率是公平的物质前提。“没有蛋糕你分什么?”没有效率作为前提和基础，离开效率谈公平，只能导致平均主义和普遍的贫穷。另一方面，公平是提高效率的保证。“蛋糕分好了大家都高兴，才会更积极地去做蛋糕。”只有坚持社会公平，真正做到社会资源的合理分配，才能充分调动全体社会成员的聪明才智和工作积极性。

想要把“蛋糕”做大，就要调动人们的积极性。怎样才能调动人们的积极性呢?这就要求在对“蛋糕”进行分配时将每个人的报酬与对“蛋糕”的贡献挂钩。而每个人在能力等方面又是有差异的，所以他们所得到的蛋糕的份额必然呈现很大的差异，也就是出现不公平。要是每个人获得的“蛋糕”份额均匀，则无疑会损伤人们的工作积极性。因此，效率与公平又是冲突的，我们要做好二者的兼顾。

重点提示

如何正确处理效率与公平的关系

正确处理初次分配过程中的公平与效率的关系，关键是逐步提高居民收入在国民收入分配中的比重，提高劳动报酬在初次分配中的比重。提高低收入者的收入，逐步提高扶贫标准和最低工资标准，建立企业职工工资正常增长机制和支付保障机制。

☞各抒己见

如何才能既反对平均主义，又防止收入差距悬殊?

☞参考分析

政府应肩负起维护社会公平的责任。再分配是政府对收入分配的调节，调节目标本身就是正确处理公平与效率的关系。政府对收入分配的调节，主要是通过完善税收和社会保障制度，整顿分配秩序，把收入差距控制在一定范围之内，防止两极分化，实现合理的公平分配。

共同富裕是社会主义的根本原则和本质体现。共同富裕本身就是一个效率与公平相统一的目标。“富裕”意味着效率，没有效率的发展不可能实现物质财富和精神财富的增加，但共同富裕不是少数个人或阶层富裕，而是全体人民的共同富裕，这个“共同”就是全体人民平等地享有致富的机会、条件和环境，平等地享有共同发展的成果。处理好效率和公平的关系，既要反对平均主义，又要防止收入差距悬殊；既要落实分配政策，又要提倡奉献精神；在鼓励人们创业致富的同时，倡导回报社会和先富帮后富。

二、取之于民、用之于民的税收

税收发生在我们日常的社会经济活动中，是纳税人事业成功、经济实力增强的一种表现，也是个人、企业为国家、为社会做了多少贡献的一种证明，自觉纳税是公民社会责任感和国家主人翁地位的具体体现。

税收是一个重要的经济杠杆。它是国家通过税种的设置、税收制度的制定、规定税率、税目增减和征收税金以及运用税收减免、纳税环节、纳税期限等方式，来调节国民经济运行的经济调节手段。税收的基本职能是分配和再分配国民收入，国家利用税收作为集中财政收入和调节企业及社会各阶层经济利益的手段，是调节国家与企业、企业与企业、国家与个人以及个人之间分配关系的强有力杠杆。国家还可以利用税收的分配职能调节生产、流通和消费，即通过调整税种和提高或减免税金，来调节产品生产和流通的增减及引导消费。税收对进出口贸易也有重要的调节作用。

每个人都与税收紧密地联系在一起，我们天天享受到的公共物品，无不有赖于税收。接受教育要有学校，看病要有医院，出行要有道路，保障国家安全要有国防，防洪、发电要有水利工程，这些都要依靠国家的税收来为公众提供公共服务。一句话，税收使国家筹集到为公民提供公共物品及服务的经费。可以说，万丈高楼平地起，税收是根基。

税收是国家为实现其职能，凭借政治权力，依法无偿地取得财政收入的基本形式，是国家有计划地集中社会资金的一种手段。

案例分析

小刘回母校办事，遇到了班主任丁老师，他热情地请丁老师到学校大门对面的某饭店吃饭消费了80元，但在结账后索要发票时遭到饭店老板拒绝。他当即同工商、税务部门联系，老板在税务局依法追查“开发票事件”时，不仅不配合检查，而且采取藏匿、转移等手段逃避检查，更为严重的是，该老板还伙同工作人员打伤了两名税务检查人员。有关部门责令其停业整顿，老板也受到了法律的惩处。

讨论：对老板的惩处说明了税收的什么特征？

重点提示

有国就有税，税收是国家财政收入的主要来源，是政府运转的基本保障；有税必有法，税收以国家法律的形式确定，税法是税收的法律依据和法律保障。税收具有强制性、无偿性和固定性的基本特征，这是税收区别于其他财政收入形式的主要标志。

资料链接

个人所得税是国家对个人所得额征收的一个税种。它的纳税人是在我国境内居住满一年，从我国境内取得所得的个人，以及不在我国境内居住或居住不满一年而从我国境内取得所得的个人。

增值税是对纳税人在生产经营活动中的增值额征收的一个税种。在我国境内销售货物或者提供加工、修理劳务以及进口货物的单位和个人是增值税的纳税人。

依法纳税是公民的基本义务。实际上，在我们购买商品的时候已经纳税了，不过我们不是直接的纳税人，而是间接的纳税人。税收就发生在日常的社会经济活动中，当我们走进超市消费、到银行取款、去电影院看电影、到书店买书……所有这一切，都直接或间接地与纳税发生着联系。在我国现行税法规定的范围内，每个公民不一定都是直接的纳税人，但人人都是商品和劳务的消费者，都为增加国家财政收入做出了贡献。

作为纳税人，为国纳税是值得自豪的，自觉纳税是公民社会责任感和国家主人翁地位的具体体现。

案例分析

刚从商业学校毕业不久的小黄中了2万元大奖。原来，他毕业后当上了保险推销员，有一次拿到了一个大保单后，于是高兴地在××市的一家酒店犒劳自己。吃饭后，他向收银员要了发票，刮开竟发现中了2万元大奖。他从××市地税局领走了2万元服务业定额发票特等奖，并主动缴纳了个人所得税。小黄拿到奖金时说：“以前我没有要发票的习惯，以后可得记着要了。”

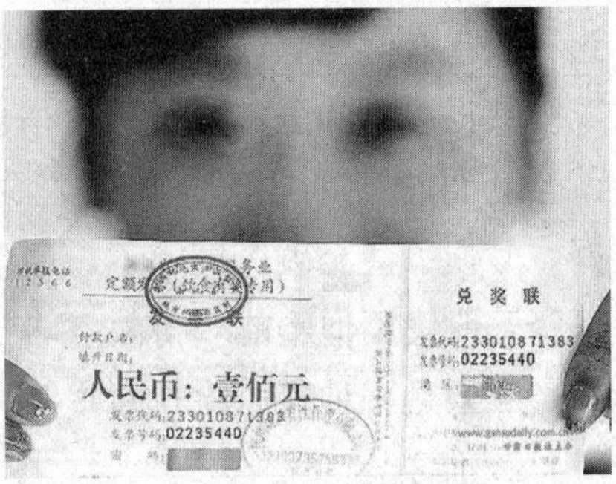

讨论：地税局为什么开展有奖发票活动？你在日常消费中有要发票的习惯吗？

重点提示

公民是国家税收的最终负税人，应自觉增强税收监督意识，以主人翁的态度积极监督国家公职人员的行为，关注税收的征收和使用情况，对他们的违法行为进行批评、检举，维护国家利益和自身利益。

三、投资理财方式

（一）储蓄存款和商业银行

储蓄存款是指城乡居民将暂时不用或结余的货币收入存入银行或其他金融机构，储蓄机构开具存折或者存单作为凭证，个人凭存折或者存单可以支取存款本金和利息，储蓄机构依照规定支付存款本金和利息的活动。

储蓄活动中，储蓄机构必须按规定为储蓄者开具存折或存单作为凭证，到期支付存款本金和利息，否则是不合法行为。我国办理储蓄存款业务的银行主要有建设银行、工商银行、农业银行、邮政储蓄、浦发银行等。

在我国，吸收存款最多的金融机构是商业银行。商业银行是指经营吸收公众存款，发放贷款，办理结算等业务，并以利润为主要经营目标的金融机构。

（二）股票、债券和保险

1. 股票

股票是股份有限公司筹集资本时向出资人出具的股份凭证。发行股票是企业筹集资金的一种重要方式；购买股票是居民投资的一种选择。股票投资能获得较高收益，但也有很高的风险。

股票投资的收入包括两部分：一是股息和红利收入，这是从公司取得的利润中定期获得的一部分分配收入；二是股票价格上涨带来的差价，这种收入有时很高。公司的经营有好有坏，盈利了能获得股息和分红，股票价格也会上涨，股民就会获得很高的收益；但是，一旦公司经营不好，亏损了甚至破产倒闭了，股票价格也会大幅下降，股民不但不能获得收益，反而会亏损。因此，股票是一种高风险与高收益同在的投资方式。

2. 债券

发行债券是企业或政府筹集资金的一种重要方式。债券是一种债务证书，是筹资者给投资者的债务凭证，承诺在一定时期支付约定利息，并到期偿还本金。

一般来说，债券主要由期限、面值、价格、利率、偿还方式等项目组成。发行国家债券，是政府筹集资金用于基础设施建设、拉动内需的重要措施，同时也是用来调节货币流通量、防止通货膨胀的手段。由于国家债券由中央政府发行，政府的资信程度最高，还本付息由国家作保，所以，国家债券的安全性高、风险小，而且收益比银行储蓄高，老百姓把国债誉为“金边债券”。

3. 保险

我们在日常生活中是很难回避风险的，生老病死、天灾人祸是有可能发生的，这就需要我们有保险的意识，借助社会的力量减少损失。保险是一种社会化安排，是面临风险的人们通过保险人组织起来，从而使个人风险得以转移、分散，由保险人组织保险基金来集中承担。若被保险人发生损失，则可以从保险基金中获得补偿。换句话说，一人损失，大家分摊，即“人人为我，我为人人”。可见，保险本质上是一种互助行为，体现了人们的互助精神，从而保障社会健康发展。

☞各抒己见

对比商业保险和社会保险的区别。

☞参考分析

商业保险是社会保险的必要补充。

通过购买保险，投保人把风险转移给保险人，使自己承担的风险损失降到最低。

当没有保险事故发生时，投保人的投资没有回报；当发生保险事故时，保险人的赔偿就是投保人投资的回报。

在我国，只有依法设立的保险公司（如中国人民保险公司、太平洋保险公司等）才能经营保险业务，其他单位和个人不得经营。从大的方面来说，保险分为人身保险和财产保险两大类。人身保险以人的寿命和身体为保险对象，财产保险以财产及其有关利益为保险对象。

☞**各抒己见**

学生参加的保险是什么类型的保险？

☞**参考分析**

人身意外伤害保险。

近几年，国内保险市场出现了分红保险等新种类。分红保险在具备正常的保障功能外，还可以从保险公司的经营利润中分到一部分盈余，能吸引更多的人积极参加保险活动。随着经济的发展，人民生活水平的提高，保险的种类会越来越多，保险的功能也会越来越齐全，参加保险的人也会越来越多。

本课小结

通过本课的学习，我们懂得了实行以按劳分配为主体、多种分配方式并存的分配制度；知道了既要讲效率，又要讲公平；明白了纳税是公民的义务；知道了利用储蓄、股票、债券和保险等积极地为自己进行财富的积累，为社会做出更大的贡献。

实践活动

制作税收小卡片

目标：理解税收的含义和作用，明确税收是财政收入的重要保证，树立纳税意识，依法纳税。

步骤：分若干个小组，利用课余时间，以小组为单位到肯德基、麦当劳等餐厅，观察肯德基、麦当劳的消费者买完餐后是否要发票。

制作税收小卡片，课上分小组进行展示说明。

课下到街上做义务宣传，提醒客人要索取发票，哪怕只消费了一个甜筒。

思维拓展

1. 如何认识现实生活中的收入分配差距？
2. 简述各种投资方式的特点。
3. 税收的作用有哪些？

第二单元

投身经济建设

第4课

社会主义基本经济制度

学习目标

1. 识记我国的基本经济制度的具体内容、各种经济成分。
2. 公有制实现形式及主体地位。
3. 理解社会主义基本经济制度符合我国国情。
4. 运用所学知识，区分各种经济成分，并说明它们的作用。

重点知识

1. 公有制的主体地位。
2. 多种所有制共同发展。
3. 国有经济的主导作用。
4. 坚持社会主义基本经济制度的意义。

运　用

认识社会主义基本经济制度，明白为什么这一经济制度符合我国基本国情，能够运用“三个有利于”标准分析问题。

案例导入

材料一：2002年我国国有及国有控股工业企业41 125个，占全国国有及规模以上非国有工业企业总数的22.65%，工业增加值、总资产、销售收入的比重分别占48.5%、60.9%、43.7%，利润总额、应交增值税的比重为41.2%、57.6%。

材料二： 2002年国有经济在一些重点行业、关键领域所占比重：化工69.3%、石油92.1%、电力90.6%、汽车72%、铁路83.1%、冶金64.4%、船舶与航空航天84.5%。

材料三： 据统计，非公有制经济占我国国内生产总值的比重由1998年的不足1/4，增长到2002年的1/3。近十几年对国内生产总值的贡献率从不到1%提高到20%以上。

材料四： 必须毫不动摇地鼓励、支持和引导非公有制发展。坚持把以公有制为主体、促进非公有制经济发展统一于社会主义现代化建设的进程中，不能把二者对立起来。

讨论： 上述材料说明什么问题？

一、社会主义基本经济制度的内容

我国的基本经济制度是我国经济活动的基础，也是发展社会主义市场经济、全面建设小康社会和实行对外开放基本国策的基础。我国基本经济制度的内容是什么？我国公有制经济的形式有哪些？公有制的主体地位体现在哪两个方面？我国公有制经济在国民经济中的地位和作用是什么？我国非公有制经济的形式有哪些？我国非公有制经济在国民经济中的地位和作用是什么？全面、正确地理解这些问题，有助于大家认同和拥护我国的基本经济制度。

我国社会主义基本经济制度是：以公有制为主体、多种所有制经济共同发展。建立社会主义初级阶段基本经济制度是由我国处在社会主义初级阶段的国情和初级阶段的生产力发展水平决定的。

（一）以公有制为主体

坚持和完善公有制为主体、多种所有制经济共同发展的基本经济制度，毫不动摇地巩固和发展公有制经济，大力鼓励、支持、引导非公有制经济发展，坚持平等保护物权，形成各种所有制经济平等竞争、相互促进的新格局。

重点提示

公有制是指一个社会的全体成员或部分成员共同占有生产资料的所有制形式。

1. 公有制是社会主义经济制度的基础

任何一种社会经济制度的根本标志，是生产资料所有制的性质，以及生产资料同劳动者相结合的社会方式。生产资料社会主义公有制，是生产资料归社会主义劳动者共同占有和支配的一种新型的所有制，它的建立标志着社会主义经济制度的产生。

（1）它决定了全体劳动者在生产资料的占有关系上，处于完全平等的地位。虽然在生产过程中劳动者之间存在着分工，但在生产资料面前却是平等的主人。

（2）它决定了劳动者共同占有的生产资料必然为全体劳动者的共同利益服务，决定了社会生产的目的和生产成果分配的性质。既然生产资料归劳动者共同占有和支配，那么社会生产就必然以最大限度满足全体劳动者的物质文化需要为目的。

（3）它决定了生产成果必然按照符合劳动人民利益的原则进行分配，即从兼顾劳动人民的目前利益和长远利益、局部利益和整体利益、个人利益和集体利益的原则出发，进行国民收入的分配和个人消费品的分配，从而保证劳动人民根本利益的一致性。

重点提示

国有经济是由社会全体劳动者共同占有生产资料的公有制形式，是与我国较低的生产力水平相适应的。国有经济是国民经济的支柱，掌握着国民经济的命脉，在国民经济中起主导作用。因此，它的发展壮大对于发挥社会主义制度的优越性，增强我国经济实力、国防实力和民族凝聚力，提高我国的国际地位，具有关键作用。

☞各抒己见

请同学们想一想，在我们生活周围，有哪些经济单位属于集体经济。

☞参考分析

农村主要是集体经济，城乡的工业、服务业有很多是集体经济，如：各种形式的合作社，县、乡镇、村办工业企业，商贸企业，股份合作制企业等。

公有制经济不仅包括国有经济和集体经济，还包括混合所有制经济中的国有成分和集体成分。我国现阶段公有制的实现形式主要有全民所有制经济（即国有经济）、集体所有制经济、混合所有制经济以及其他正在探索中的各种形式。

2. 集体所有制经济是公有制经济的重要组成部分

社会主义劳动群众集体所有制经济，通常简称为集体经济，它是公有制经济的重要组成部分。社会主义劳动群众集体所有制经济可分为农业集体所有制经济和城镇集体所有制经济，是由一部分劳动群众共同占有一定范围的生产资料和劳动产品的所有

制形式。一般来说，它是与较低程度的生产社会化相适应的公有制形式，是社会主义公有制的一种具体形式。在集体所有制经济内部，劳动者对生产资料的关系是平等的，但在各个集体经济组织之间，由于拥有的生产资料的数量和质量不同，在生产资料的占有上还存在着差别，从而在劳动成果的占有和收入的分配上也存在差别。集体所有制经济可以体现共同富裕的原则，可以广泛吸收社会分散资金，缓解就业压力，增加公共积累和国家税收。因此，一定要支持、鼓励和帮助城乡多种形式集体所有制经济的发展，尤其是发展劳动者的劳动联合与劳动者的资本联合为主的股份合作制经济，这对发挥公有制经济的作用意义重大。

重点提示

集体经济其规模虽然不如国有企业规模大，在国民经济的重要行业和关键领域也不如国有经济的比重大，但是，也是我国重要的公有制形式，在国民经济中有重要的地位和作用。集体经济是社会主义公有制经济的重要组成部分，体现共同富裕原则。集体经济可以广泛吸收社会资金，缓解就业压力，增加公共积累和国家税收。发展集体经济对发挥公有制的优越性，实现共同富裕有重要作用。

3. 混合所有制经济

所谓混合所有制经济是指由不同所有制经济，以控股、参股等不同方式投资形成法人财产，由企业法人进行经营的企业，主要有股份制企业、跨所有制组成的企业及企业集团、中外合资和中外合作企业等。这些企业中的国有成分和集体成分，最终所有权属于国家和集体，国家和集体行使所有者的权利，所以它们属于公有制经济。混合所有制经济中的公有成分在整个公有制经济中的比重将越来越多，越来越重要。

十五大以来，股份制正式成为现代企业的资本组织形式，其好处在于实行两权分离，有利于提高资本的运作效率。由于它是与社会化大生产相适应的、在市场经济条件下发展起来的资本组织形式，因而在社会化市场经济中具有普遍的适用性，这种资本的组织形式，资本主义市场经济可以用，社会主义市场经济也可以用。不能笼统地说是公有还是私有，关键看控股权掌握在谁手中，掌握在国家或集体手中，就带有明显的公有制性质。股份制有利于扩大公有资本的支配范围，增强公有制经济的主体作用。坚持公有股份为主体，积极稳妥地发展股份制经济，一定能大大促进公有制经济的发展，使社会主义制度得以巩固，优越性得到充分发挥。

进一步探索和发展股份合作制，成为一种规范的适合我国生产力水平的公有制的实现形式。在股份合作制企业中，职工具有双重身份，他们既是劳动者，又是出资者，作为劳动者，他们又都拥有一定数量的股份；分配上实行按劳分配与按股分红相结合。股份合作制有利于调动劳动者的积极性，有利于提高资本运营效率。

（二）多种所有制经济共同发展

我国毫不动摇地鼓励、支持和引导非公有制经济发展。在社会主义初级阶段，非公有制经济主要包括个体经济、私营经济、外资经济等形式。

1. 个体经济

个体经济是指在劳动者个人或家庭占有生产资料的基础上，从事个体劳动和个体经营的经济形式。它是一种非公有制经济性质的经济。个体经济是以私人劳动为基础，劳动者同自己的生产资料结合，劳动产品归自己所有的小私有经济。在我国现阶段，个体所有制经济主要存在于城乡的手工业、农业、商业、交通运输业和服务行业中，它是同我国现阶段生产力水平比较低下、使用手工工具进行手工操作和分散经营相适应的一种所有制形式。

2. 私营经济

私营经济是指以生产资料私人占有和雇佣劳动为基础，劳动产品归企业占有和支配的经济形式。它是以获取利润为生产经营目的的、具有资本主义性质的私有制经济。按照《中华人民共和国私营企业暂行条例》的规定，我国现阶段的私营企业是指企业资产属于私人所有、雇工 8 人以上的营利性的经济组织，包括独资企业，即个人投资经营的企业；合伙制企业，即由两个以上的人按照协议投资、共同经营、共负盈亏的企业；有限责任公司，即投资者以其出资额对公司负责，公司以其全部资产对债务承担责任的企业。

现阶段私营经济的性质是私人资本主义所有制。在社会主义公有制占主体地位的条件下，私营经济既同公有制经济发生联系，又受其影响和制约。私营经济的发展对于促进社会市场的发展，满足人民多方面的需求；对于扩大就业、增加生产；对于通过竞争促进公有制经济提高管理水平、建立合理的经营机制等方面都起着积极的作用。

知识链接

私营经济与个体经济的区别

个体经济是由劳动者个人或家庭占有生产资料，以劳动者自己劳动为基础，劳动成果直接归劳动者所有和支配的经济形式。

私营经济是以生产资料私有和雇佣劳动为基础，以获得利润为目的的经济形式。

私营经济规模较大，设备先进，劳动生产率比较高。个体经济以劳动者自己劳动为基础，私营经济以雇佣劳动为基础。

3. 外资经济

我国目前外资存在方式主要有中外合资经营企业、中外合作经营企业和外商独资企业三种，即所谓的“三资企业”。在党的十一届三中全会以后，对内改革、对外开放被确定为我国的一项基本国策，强调要把经济工作的视野从国内扩展到国际范围，充分利用国外的资金、技术和管理经验，加速社会主义现代化建设。在党的基本路线的指引下，外资经济从无到有，逐渐发展壮大。从经济总量看，外贸和外资对经济增长的贡献率保持在20%以上，成为经济增长的重要引擎之一。从增加就业看，我国目前外贸领域就业人员超过了8 000万人。外资经济已经成为我国社会主义市场经济的重要组成部分，在经济发展中起着重要的作用，全社会鼓励、支持和引导非公有制经济发展。

重点提示

外资经济是指外国投资者和我国港澳台投资者根据我国法律法规，在我国大陆设立的独资企业以及中外合资企业、中外合作企业中的外商投资部分。它有利于引进外资和先进技术，学习境外先进管理经验，有利于扩大就业、扩大出口，增加财政收入。

☞各抒己见

现阶段我国除公有制经济外，还有哪些非公有制成分？

☞参考分析

现阶段我国除公有制经济外，还有大量的个体经济、私营经济和外资经济等非公有制经济。

二、坚持社会主义基本经济制度

经济制度是指人类社会发展到一定阶段生产关系的总和。经济制度反映生产关系的性质，是区分不同社会形态的根本标志。基本经济制度是不以人的意志为转移的客观存在，坚持和完善公有制为主体、多种所有制经济共同发展是社会主义初级阶段的基本经济制度。

（一）社会主义基本经济制度适合我国国情

我国社会主义初级阶段的基本经济制度，不是凭主观意志任意选择的，而是由社会主义性质和初级阶段的国情决定的，有其客观必然性。现阶段我国依然处于社会主义初级阶段，其本质是解放生产力、发展生产力，消灭剥削、消除两极分化，最终达到共同富裕。这种社会主义初级阶段的生产力状况需要我们坚持社会主义基本经济制度。

第一，是由我国生产力发展水平低、多层次、不平衡状况决定的。一是我国生产力比较落后。新中国成立以来，特别是改革开放以来，我国经济增长很快，总体实力和综合国力有很大提高。但人均水平还很低，经济发展的结构和质量还很差。二是我国工业化和生产的社会化、市场化、现代化的程度还比较低。三是生产力层次多，劳动手段落后，劳动力素质低。四是地区发展极不平衡，特别是在东南部沿海地区、中部内陆地区以及西部边远地区不平衡的发展尤为突出。我国生产力的这种状况，决定了公有制经济只能在经济中占据主体地位，但不能成为社会经济的唯一形式，这就需要多种所有制经济共同发展，以促进生产力的迅速提高。

第二，缓解我国现代化建设中各种矛盾的需要。我国是一个发展中的大国，资金短缺和就业压力大是现代化建设中的难题。选择以公有制为主体、多种所有制经济并存和共同发展的所有制结构，是解决这些难题的有效途径。从我国实际出发，需要发展多种所有制经济，调动多方面积极性，充分利用社会资金及引进外资，弥补建设资金不足，多渠道增加就业岗位，扩大就业。

第三，建立和完善社会主义市场经济体制的需要。市场经济客观上要求市场主体多元化，因为只有存在着无数个具有法人资格独立自主的市场主体，才会有各自经济利益的差别，从而必然要通过市场交换来获得它们需要的生产要素，通过市场交换实现其劳动或产品价值。以公有制为主体，多种所有制经济共同发展的所有制结构，正是与社会主义市场经济的发展相适应的。

（二）坚持社会主义基本经济制度的意义

生产资料社会主义公有制是社会主义经济制度的基础，是社会主义经济制度的根本标志，只有建立起社会主义公有制并使其在多种所有制经济中居于主体地位，才标志着社会主义经济制度真正建立起来。

只有真正地巩固和发展社会主义经济制度，保证国民经济沿着社会主义方向健康发展，才能有利于发展生产力，提高劳动生产率，促进经济快速高效增长。

公有制是保证消灭剥削、消除两极分化、实现共同富裕的根本经济条件。如果否定公有制的主体地位，动摇了生产资料公有制，就动摇了社会主义的经济基础；如果否定和取消了公有制，实行私有化，社会主义制度将不复存在。搞社会主义必须坚持生产资料公有制，社会主义初级阶段必须坚持公有制的主体地位。

这样的基本经济制度，决定了生产成果必然按照符合劳动人民利益的原则进行分配，即从兼顾劳动人民的目前利益和长远利益、局部利益和整体利益、个人利益和集体利益的原则出发，进行国民收入的分配和个人消费品的分配，从而保证劳动人民根本利益的一致性。

知识链接

什么是“三个有利于”

1. 有利于解放和促进生产力发展。
2. 有利于增强综合国力。
3. 有利于提高人民生活水平。

本课小结

通过本课的学习，掌握社会主义基本经济制度的内容；结合我国的国情，了解我国以公有制为主体的多种经济成分共同发展的经济模式，有利于解放和促进生产力的发展，有利于增强综合国力，有利于提高人民生活水平。了解我们的国情、了解我国的基本经济制度，为将来投身经济建设做好准备。

思维拓展

1. 为什么要坚持公有制的主体地位？
2. 简述国有经济的主导作用。
3. 坚持社会主义基本经济制度的意义有哪些？

第5课

社会主义市场经济

学习目标

1. 理解市场经济的内涵与一般特征。
2. 国家宏观调控的必要性。

重点知识

1. 社会主义市场经济的基本特征。
2. 国家宏观调控的必要性。

运　用

树立正确的竞争意识，能够学法、用法、守法，充分运用法律武器维护自身合法权益。

案例导入

1992年年初邓小平在南方谈话中指出：计划多一点还是市场多一点，不是社会主义与资本主义的本质区别。计划经济不等于社会主义，资本主义也有计划；市场经济不等于资本主义，社会主义也有市场。

市场经济是资源的配置方式，资本主义可以用，社会主义也可以用，但市场经济所从属的社会制度是不同的，资本主义市场经济是与资本主义制度结合在一起的，社会主义市场经济是与社会主义制度结合在一起的。

讨论：与资本主义国家市场经济相比，我国社会主义市场经济有哪些不同之处？

一、走进社会主义市场经济

（一）市场配置资源

1. 市场和市场经济的含义

什么是市场？市场是商品交换的场所和商品交换关系的总和。市场分两种：有形市场——商品交换的固定场所；无形市场——没有固定交易场所的市场。

有市场存在是不是就可以称为市场经济？市场是如何配置资源的？

市场经济是商品经济发展到一定阶段的产物。市场经济随着市场交换范围和交换内容的扩大，社会经济生活全面市场化，市场配置资源的功能在社会范围内得到了充分发展。

2. 市场经济的一般特征

（1）平等性：是指市场经济活动参加者之间的关系是平等的，这是市场经济的前提。市场经济依据价值规律要求等价交换，这要求地位平等、交易平等。

（2）竞争性：是指经济活动参加者之间存在着广泛的竞争。这是市场经济的准则，因为商品价格在竞争中形成，是商品交换进行的前提。

市场经济的竞争性有两方面的影响：

积极方面：是市场经济运行的必要条件，可以形成压力、提高效率、优胜劣汰、优化资源配置。

负面影响：盲目竞争导致资源浪费和垄断，从而不利于资源的优化配置。

应该开展公平、合理的竞争，防止竞争的负面影响。

☞各抒己见

企业降价的目的是什么？如何评价某些企业的降价行为？

☞参考分析

第一，如果该企业劳动生产率提高了，生产成本下降，那么这种竞争会有利于该企业获利。

第二，率先降价的企业必须有技术和规模上的优势。

第三，对其他企业形成压力、提高效率、优胜劣汰、优化资源配置。

第四，促进本行业的发展，对经济发展和社会进步有利。

第五，降价对消费者有利。

（3）法制性：是指社会经济运行有健全的法制基础，生产者和经营者的经济活动依据市场经济的法规进行，是市场经济的保证。法制在于协调、处理矛盾，维护公平竞争。我们要学法、懂法、守法、用法。

(4) 开放性：开放的市场能够打破区域封锁，实现生产要素的自由流动；经济活动参与者能充分发挥各自优势，达到资源优化配置。

以上四个特征的关系：相互联系，相互制约。平等是基础，法制是平等和竞争的保证，也是平等的体现。而开放性是平等、竞争充分展开的前提，也是法制发挥作用的社会条件。

（二）社会主义市场经济的基本特征

社会主义市场经济是在国家宏观调控下，使市场在社会资源配置上起基础性作用。一方面，就其作为资源配置方式来说，社会主义市场经济也具有市场经济的一般特征，即一是利益主体多元化，二是经济关系市场化，三是企业行为自主化，四是经营管理法制化，五是宏观调控间接化，六是保障制度社会化。另一方面，我国社会主义市场经济体制是同社会主义基本制度结合在一起的，因此，它与资本主义市场经济体制相比较具有以下一些个性特征：

第一，在所有制结构上，以公有制为主体、多种所有制经济共同发展，一切符合"三个有利于"的所有制形式都可以而且应该用来为社会主义服务；各类不同的企业都进入市场，国有大中型企业在市场运行中发挥主导作用，使其相互之间公平地竞争，可以使公有制经济和非公有制经济之间功能互补。这就要求在社会主义市场经济体制的微观经济主体中，占主体地位的是公有制经济企业，国有企业发挥主导作用。这样的所有制结构，体现了社会主义基本经济制度具有的规定性。这是社会主义市场经济体制与资本主义市场经济体制的根本区别之一。

第二，在分配关系上，坚持以按劳分配为主体、多种分配方式并存的分配制度。把按劳分配和按生产要素分配结合起来，坚持效率优先，兼顾公平，既鼓励先进，促进效率，合理拉开收入差距，又缓解社会分配不公，防止两极分化，逐步实现共同富裕。这一特征是公有制的经济制度和市场经济体制的共同要求。在社会主义市场经济体制中，分配关系并不只是由市场经济关系来决定的，社会的基本分配原则是由生产资料的社会主义公有制关系决定的。这样的分配制度，在资本主义市场经济体制中是不存在的，它所体现的是社会主义市场经济体制的特征。这是社会主义市场经济体制与资本主义市场经济体制的又一区别。

第三，在宏观调控上，社会主义国家能够把人民的当前利益与长远利益、局部利益与整体利益结合起来，更好地发挥计划与市场两种手段的长处。这一特征是社会主义的经济制度优势和市场经济的体制规定的具体体现。在社会主义市场经济的发展过程中，要求正确地处理好中央与地方、全局与局部、长远与当前之间的利益关系，要求做到全国一盘棋，集中力量办大事。在实现经济总量平衡和结构优化，搞好生态平衡和环境保护，调节收入分配等方面，国家的宏观调控具有更好的制度保证和体制基础。这一特征在资本主义市场经济体制中是不存在的。

重点提示

社会主义市场经济体制既不同于传统的计划经济体制，也不同于资本主义市场经济体制，它是融合了社会主义基本经济制度特征和市场经济发展一般规律要求的一种崭新的市场经济体制，是中国特色社会主义的重要内容和体现。

案例分析

2012 年，我国一些地区遭遇突如其来的“禽流感”，禽类养殖户损失惨重。国家采取了对疫区封锁、对疫区的养殖户进行经济补贴，以及国家出资统一对疫区进行消毒等措施进行防治，并规定任何人不得将家禽带出疫区，违者追究法律责任。

讨论：请结合材料说明在防治“禽流感”、发展禽类养殖的过程中，我国政府采取的措施体现了社会主义市场经济的什么特点？

二、国家的宏观调控

社会主义市场经济的正常运行，需要加强和完善国家的宏观经济调控，建立和健全社会主义市场经济的宏观经济调控体系。

（一）国家实施宏观调控的意义

我国经济体制改革所要建立的社会主义市场经济体制，就是要使市场在社会主义国家宏观调控下对资源配置起基础性作用。市场机制在资源配置中的基础性作用和国家对国民经济运行的宏观调控都是社会主义市场经济体制的有机组成部分，二者是统一的、相辅相成的。

宏观经济调控是克服市场缺陷，引导社会主义市场经济合理高效运行的需要。发展社会主义市场经济必须加强市场调节，发挥市场对资源配置的基础性作用。同时也应看到，市场并不是万能的，市场有其盲目性、自发性和滞后性的弱点，如市场调节往往是一种事后调节，企业为追求更多利润和市场刺激的短期行为，会盲目进行生产，导致生产的波动，供需总量失衡，资源的破坏与浪费；市场对许多基础设施和公共设施的建设以及公共消费也难以进行有效地调节；市场不能自发地实现收入分配的社会公平；市场经济不能使企业自发地保护环境和维持生态平衡；等等。

为了克服市场缺陷、纠正市场机制调节的不足，更加有效地发挥市场对资源配置的基础性作用，必须加强和改善国家对经济的宏观调控。事实上，当今世界已没有实行完全自由放任市场经济的国家，西方资本主义国家的政府都对市场经济的运行实行不同程度的宏观调控。我国是在社会主义条件下实行市场经济，由社会主义基本经济制度决定的全体人民根本利益的一致性，使我们应该而且有条件搞好国家的宏观经济调控。

案例分析

我国为什么能进行这些巨大的工程

西气东输工程：年供气120亿方，全长4 000千米，途经新疆、甘肃、宁夏、陕西、山西、河南、安徽、江苏、上海，工程总投资1 200亿元人民币。

西电东送工程：大规模实施始于2000年，总投资规模达5 265亿元以上。

青藏铁路工程：262亿元。

南水北调工程：第一期1 548亿元。

参考分析：公有制能集中力量办大事，社会主义国家更有能力对市场经济进行宏观调控。

政府作为宏观经济调控者，是生产社会化的产物。宏观经济调控是社会化大生产的客观要求，随着生产社会化程度的日益提高和社会各地区、各部门、各企业、社会再生产各环节之间的联系日趋紧密，客观上要求有一个社会中心对国民经济进行必要的宏观调控。在社会主义阶段，这个社会中心只能

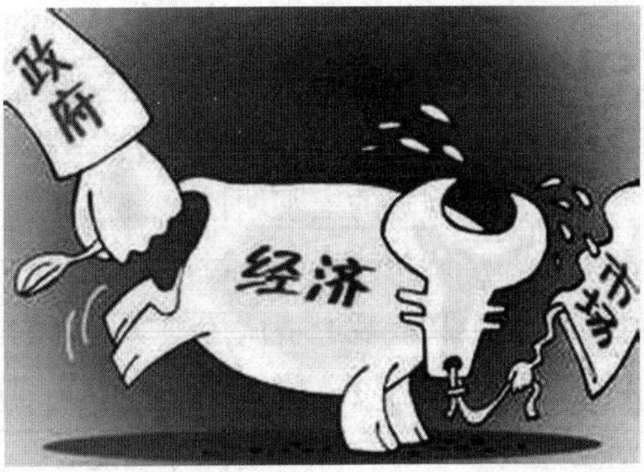

是社会主义国家。因此，随着生产的不断社会化，社会主义国家必然承担起作为宏观经济调控者的职能。政府作为宏观经济调控者，主要承担统筹规划、掌握政策、信息引导、组织协调、提供服务和检查监督的职能，制定经济和社会发展战略、计划、方针、方案和政策，调整产业结构和规划经济布局，部署重点工程项目的建设，协调地区、部门、企业之间的经济关系，搞好宏观经济综合平衡，弥补市场缺陷，克服市场的消极影响，引导和调节国民经济的发展。

重点提示

调节经济结构，促进重大经济结构优化

经济结构是社会生产一定发展阶段上国民经济各部门、社会再生产各环节、社会各地区之间的比例、构成及相互关系。它包括产业结构、地区结构、企业结构、商品和劳务的供给与需求结构等。经济结构优化，就是在各产业部门、各行业之间保持合理的发展比例和充分发挥关键产业对整个国民经济增长的带动作用，各地区的经济增长互相协调，并形成市场经济发展要求的互惠互利的分工协作关系。

重点提示

宏观调控的主要目标

宏观调控经常使用经济增长率、失业率、通货膨胀率以及国际收支等相互联系的经济总量指标。因为经济总量是否平衡、经济结构是否合理往往在经济增长速度快慢、物价是否稳定、失业率的高低以及国际收支是否平衡等方面反映出来。现阶段，要把促进经济增长、增加就业、稳定物价、保持国际收支平衡作为宏观调控的主要目标。

（二）宏观经济调控方式

社会主义国家对国民经济运行进行宏观调控可以采取不同的调控方式。宏观经济调控基本上有直接调控和间接调控两种方式。直接调控就是国家用行政手段和指令性计划，直接对每个微观经济单位进行的宏观调控。间接调控是国家运用经济手段，通过市场机制来实现的宏观调控。两种宏观调控方式相区别的主要标志是国家采取的宏观调控手段是否通过市场机制这一中间环节来发挥作用。社会主义市场经济的发展，客观上要求国家的宏观调控由直接调控为主转向间接调控为主，建立以间接调控为主的宏观经济调控体系，通过市场机制对整个国民经济进行管理和调控。

社会主义宏观经济调控中所运用的经济杠杆内容很多，主要有价格、税收、信贷、利率、汇率、工资、奖金等，它们共同形成经济杠杆体系。这一经济杠杆体系对经济活动具有调节、分配、监督等职能。

在社会主义经济杠杆体系中，价格杠杆占有重要地位。价格杠杆是国家自觉依据价值规律调整或安排价格，使其既反映价值又反映市场供求关系，从而合理配置资源的一种调节手段。价格杠杆在宏观经济调控中具有调节杠杆和核算工具两种作用。价格作为调节杠杆，其作用主要是通过价格的涨落，来调节生产和投资的方向，调节商品流通和消费结构，调节国民收入的再分配，以及促使企业加强经济核算，改进生产技术和经营管理，增强企业的市场竞争能力。价格作为核算工具，其作用主要表现为：它是编制国民经济计划的工具，借助于价格可以考核经济效益的高低，可以检验商品生产上的劳动耗费的多少，并可通过价格核算监督企业节约劳动时间。价格作为调节杠杆与核算工具，要求价格与价值相符和反映市场供求关系，并保持价格在市场总体运动中处于相对稳定状态，使价格以价值为中心适当地波动。价格如果长期与价值相背离，则不能起到调节杠杆和核算工具的作用。

（三）宏观经济调控手段

1. 经济手段

经济手段就是国家运用经济政策和计划，通过对经济利益的调整来影响和调节经济活动的措施，如货币政策、财政政策、税收政策等，最常用的是财政政策和货币政策。

2. 法律手段

社会主义市场经济从一定意义上说就是法制经济。法律手段是依靠国家的法制力量，通过经济立法和经济司法机构，制定和运用经济法规来调节经济的手段。法律手段具有权威性、规范性、强制性和相对稳定性等特点。法律手段的主要职能是采取法律的形式来调节各种经济关系和经济活动。通过法律手段可以有效地维护公有制为主体、多种所有制经济共同发展的基本经济制度，维护各种经济形式、各经济组织和劳动者个人的合法权利，调整各经济组织之间横向和纵向的关系，保证经济运行的正常秩序。

3. 行政手段

行政手段是指国家通过行政机构，采取带强制性的行政命令、指示、规定等措施来调节和管理经济的手段。

宏观调控的以上三个手段是各有所长、各具特色、相互联系、相互补充的。国家在进行宏观调控时如何正确运用这些手段呢？国家的宏观调控以经济手段和法律手段为主，辅之必要的行政手段，充分发挥宏观调控手段的总体功能。

本课小结

本课重点学习了社会主义市场经济的有关知识，知道了社会主义市场经济的基本特征，以及国家宏观调控的含义、目标和主要手段。

思维拓展

1. 简述社会主义市场经济的基本特征。
2. 国家宏观调控的必要性是什么？
3. 简述宏观调控的方式。

第6课

全面建设小康社会

学习目标

1. 了解全面建设小康社会的必要性。
2. 认识小康社会经济建设的具体目标。
3. 树立科学发展观的理念。

重点知识

1. 全面建设小康社会的经济目标。
2. 建设资源节约型和环境友好型社会。
3. 全面实现小康社会经济目标的具体要求。

运　用

感受改革开放给中国带来的巨大变化，理解社会主义制度的优越性，并树立强烈的社会责任感，学好科学文化知识，在科学发展观的指导下，积极投身于全面建设小康社会的活动。

案例导入

农民家庭从“老四大件”到“新四大件”的转变

1989 年前，农民的主体选择是自行车、缝纫机、钟表和收音机“老四大件”。1989 年后，电视机、电冰箱、洗衣机、电风扇“新四大件”成为农民追求的新宠。在现代家庭生活中，许多耐用消费品，如电话、移动电话、空调、电脑等也进入了农民家庭。城镇居民家庭也发生了从“老四件”到“新六件”：彩色电视机、电冰箱、洗衣机、录音机、电风扇和照相机，再追求电脑、轿车的转变。

一、全面建设小康社会的特征和经济目标

（一）全面建设小康社会的特征

1979年12月6日，邓小平在会见日本首相大平正芳时用“小康”一词来描述中国式的现代化。“我们要实现的四个现代化，是中国式的四个现代化。我们的四个现代化的概念，不是像你们那样的现代化的概念，而是‘小康之家’。”“中国到那时也还是一个小康的状态。”1984年，他又进一步指出，所谓小康，就是到本世纪末，国民生产总值人均800美元。

2000年，党的十五届五中全会第一次提出了“全面建设小康社会”的历史任务。此后，在党的十六大报告中进一步明确了“全面建设小康社会”的丰富内涵。2002年，在十六大报告中提出了全面建设小康社会的奋斗目标。十六大指出，我们要在21世纪头20年，集中力量，全面建设惠及十几亿人口的更高水平的小康社会，使经济更加发展、民主更加健全、科教更加进步、文化更加繁荣、社会更加和谐、人民生活更加殷实。

十七大报告在谈到实现全面建设小康社会奋斗目标的新要求时说，我们必须适应国内外形势的新变化，顺应各族人民过上更好生活的新期待，把握经济社会发展趋势和规律，坚持中国特色社会主义经济建设、政治建设、文化建设、社会建设的基本目标和基本政策构成的基本纲领，在十六大确立的全面建设小康社会目标的基础上对我国发展提出新的更高要求。

到 2020 年全面建设小康社会目标实现之时，我们这个历史悠久的文明古国和发展中社会主义大国，将成为工业化基本实现、综合国力显著增强、国内市场总体规模位居世界前列的国家，成为人民富裕程度普遍提高、生活质量明显改善、生态环境良好的国家，成为人民享有更加充分民主权利、具有更高文明素质和精神追求的国家，成为各方面制度更加完善、社会更加充满活力而又安定团结的国家，成为对外更加开放、更加具有亲和力、为人类文明做出更大贡献的国家。

☞**各抒己见**

怎样认识西部大开发战略的重要意义。

☞**参考分析**

加快中西部地区、农村地区的发展，体现了社会主义共同富裕的原则。

（二）全面建设小康社会的经济目标

（1）在优化结构和提高效益的基础上，国民生产总值到 2020 年力争比 2000 年翻两番，综合国力和国际竞争力明显增强。基本实现工业化，建成完善的社会主义市场经济体制和更具活力、更加开放的经济体系。城镇人口的比重有较大幅度提高，工农差别、城乡差别和地区差别扩大的趋势逐步扭转。社会保障体系比较健全，社会就业比较充分，家庭财产普遍增加，人民过上更加富足的生活。

（2）增强发展协调性，努力实现经济又好又快发展。

（3）缩小工农差别、城乡差别和地区差别，基本形成城乡、区域协调互动发展机制和主体功能区布局。

（4）可持续发展能力不断增强，生态环境得到改善，资源利用效率显著提高，促进人与自然的和谐，推动整个社会走上生产发展、生活富裕、生态良好的文明发展道路。

二、坚持科学发展，实现全面小康

（一）中国特色的农业现代化道路

统筹城乡发展，建设社会主义新农村。第一，建立以工促农、以城带乡长效机制，形成城乡经济社会发展一体化新格局。一是调整国家财政支出结构和投向，切实承担起为农业、农村发展、农民生活提供基础设施和公共服务的责任。二是加快建立健全统筹城乡发展的制度体系。三是充分发挥非农产业和城市对农村发展的带动作用。第二，坚持把发展现代农业、繁荣农村经济作为首要任务。六管齐下：即加强农业基础设施建设，健全农村市场和农业服务体系，加大支农惠农政策力度，严格保护耕地，增加农业投入，促进农业科技进步。第三，深化农村综合改革，以促进农民增收为核心，发展乡镇企业，壮大县域经济，多渠道转移农民就业。坚持农村基本经营制度，发展农民专业合作组织。第四，培育有文化、懂技术、会经营的新型农民，发挥亿万农民建设新农村的主体作用。提高扶贫开发水平。

（二）中国特色的新型工业化道路

实现工业化仍然是我国现代化进程中艰巨的历史性任务。信息化是加快我国实现工业化和现代化的必然选择。历史表明，现代化是一个由传统的农业社会向工业社会转变进而再向信息社会转变的过程。

我国是一个发展中国家，工业化的任务尚未完成，又面临实现信息化的艰巨任务。这种状况决定了我们的战略是：抓住信息技术革命的机遇，在完成工业化的过程中注重运用信息技术提高工业化的水准，在推进信息化的过程中注重运用信息技术改造传统产业，以信息化带动工业化，发挥后发优势，努力实现技术的跨越式发展，加快现代化进程。

科学技术是第一生产力。世界经济发展史表明，科技进步不仅是经济发展的直接动力，而且是经济增长方式由“粗放”向“集约”转化，提高经济增长质量的必由之路。因此，必须大力实施科教兴国战略和可持续发展战略。

提升制造业水平，加快发展以信息技术为主要代表的高新技术产业，运用先进适用技术改造传统产业，全面提高制造业的竞争力。近几年来，国家实施以信息化带动工业化、以工业化促进信息化的跨越式发展战略，取得了积极的成效。信息产业目前已经成为国民经济的支柱型产业。

（三）产业结构的调整与优化

第一，要用创新的理念推进工业升级裂变。在扶持农用工业，实现以工补农、促农的同时，运用高新技术特别是信息技术改造提升传统工业产业，走新型工业化道路。

第二，要用工业的理念推进农业升级裂变。要用企业化的工业基本模式大幅度调整农业产业结构，延伸农村产业链，特别要大力发展公司制的优势农产品深加工龙头企业，增强辐射带动能力，推进农业区域化、专业化、社会化、高效化。

第三，用“工贸结合”的理念推进第三产业升级裂变。抓住开放兴商、现代物流、业态创新、大企业大市场培育等重点，加快商贸流通业的现代化、规模化、一体化和外向化，逐步形成连接城乡、布局合理、结构优化、经营规范、服务优质的商品流通体系和统一开放、竞争有序的市场体系。

推进经济结构战略性调整，推动产业结构优化升级。加快转变经济发展方式，推动产业结构优化升级，是关系到国民经济全局的紧迫而重大的战略任务。一是发展现代产业体系，促进工业由大变强，振兴装备制造业，加快淘汰落后生产能力。二是大力发展信息、生物、新材料、航空航天、海洋等产业，鼓励符合转变发展方式和节能减排要求的高技术产业加快发展。三是支持服务业关键领域、薄弱环节和新兴行业、新型业态发展，拓展金融、交通、物流、信息和技术服务等生产性服务业，丰富消费性服务业。四是培育一批具有国际竞争力的大企业和国际知名品牌。五是加强基础产业基础设施建设。

（四）区域经济协调发展

经济发展存在三个不同层次的地带，即东部沿海经济比较发达的地区，中部经济欠发达的地区，西部经济不发达的地区。

推动区域协调发展，优化国土开发格局。一是要继续实施区域协调发展总体战略，深入推进西部大开发，全面振兴东北地区等老工业基地，大力促进中部地区崛起，积极支持东部地区率先发展。二是加强国土规划，按照形成主体功能区的要求，完善区域政策，调整经济布局。以增强综合承载能力为重点，形成辐射作用大的城市群，培育新的经济增长极。三是遵循市场经济规律，突破行政区域局限，形成若干带动力强、联系紧密的经济圈和经济带。四是加大中央政府对欠发达地区的支持。五是走中国特色的城镇化道路。

三、面向未来的必然选择

（一）转变经济发展方式

1. 经济增长的内涵

经济增长是指一个国家或地区在一定时期内因就业人数增加、资金积累和技术进步等原因，经济规模（包括物品和劳务）在数量上的扩大和增加，它反映了一国国民经济总量变化的状况。

2. 经济发展与经济增长

经济增长是推动经济发展必要的物质条件，没有经济增长就没有经济发展。经济发展不等同于经济增长，单纯的经济增长会出现“只增长不发展”现象。

3. 经济增长方式

粗放型经济增长方式：单纯以数量的增长为中心的外延式增长方式，效益相对低下。集约型经济增长方式：以提高经济发展质量和经济效益为中心的内涵式增长方式，效益相对较高。

4. 实现经济增长的三个转变

在加快转变经济发展方式方面，要坚决克服片面追求速度的倾向，把经济工作的着力点转到调整结构、促进协调发展、提高质量和效益上来，实现促进经济增长由主要依靠投资、出口拉动向依靠消费、投资、出口协调拉动转变，由主要依靠第二产业带动向依靠第一、第二、第三产业协同带动转变，由主要依靠增加物质资源消耗向主要依靠科技进步、劳动者素质提高、管理创新转变。

（二）建设资源节约型和环境友好型社会

1. 资源节约型和环境友好型社会的内涵

资源节约型社会：在生产、流通、消费等领域，通过采取技术和管理等综合措施，厉行节约，不断提高资源利用效率。

环境友好型社会：全社会都采取有利于环境保护的生产方式、生活方式和消费方式，建立人与环境良性互动的关系。

2. 如何理解建设资源节约型和环境友好型社会

建设资源节约型和环境友好型社会是全面建设小康社会和我国现代化建设的客观要求，是落实科学发展观的内在要求，是促进和谐的基础和保障。

必须在全社会牢固树立生态文明观念，在全体公民中强化环境就是资源，环境就是资本，破坏环境就是破坏生产力，保护环境就是发展生产力的环保意识。

加强能源、资源节约和生态保护，增强可持续发展能力。一是落实节能减排工作责任制，完善配套政策，抓好重点领域，把节能减排贯彻到经济社会生活的各个方面、各个领域。二是开发和推广节约、替代、循环利用的先进适用技术，加强资源综合利用，大力发展清洁能源和可再生能源，保护土地和水资源。三是加大节能环保投入，发展环保产业和保护生态环境，加强污染防治力度。四是加强水利、林业、草原建设，促进生态修复。五是提高应对气候变化的能力。

本课小结

通过本课的学习，同学们应了解什么是小康社会，要实现小康社会必须坚持科学发展观，同时这也是我国未来发展的必然选择。要认识如何建设资源节约型社会、环境友好型社会。

思维拓展

1. 简述全面建设小康社会的经济目标。
2. 全面实现小康社会经济目标的具体要求有哪些？
3. 如何建设资源节约型和环境友好型社会？

第7课

对外开放的基本国策

学习目标

1. 了解经济全球化的主要表现。
2. 认识我国的对外开放政策。
3. 了解我国加强国际经济竞争与合作的措施。
4. 了解坚持发展对外经济关系的原则。

重点知识

1. 经济全球化的表现：生产全球化、贸易全球化、资本全球化。
2. 对外开放的基本国策。
3. 正确认识独立自主、自力更生与对外开放的关系。

运　用

正确认知经济全球化给我国经济发展带来的机遇和挑战，树立改革开放意识，不断提高自己的综合素质，树立为促进有中国特色的社会主义经济发展而奋斗的时代责任感。

案例导入

资料一：根据联合国投资报告统计：目前全世界已有4.4万个跨国公司母公司和28万个在国外的子公司和附属企业，形成了一个庞大的全球生产和销售体系，它们控制了全世界1/3的生产，掌控了全世界70%以上的专利和其他技术转让。美国和英国80%～90%的出口是由跨国公司完成的。

资料二：《远东经济评论》评出2002全球十佳跨国公司：微软公司、诺基亚、索尼、可口可乐、丰田、BMW、英特尔、麦当劳、耐克、三星电子。

资料三：中国在国外有投资的公司（中国企业在境外办起6 200多家企业，遍布160多个国家）：中国国际信托投资公司、中国化工进出口总公司、联想集团、中国银行、海尔集团、康佳集团、TCL集团、科龙集团、春兰集团、长虹集团等。

讨论：经济全球化对我国经济的影响。

中国过去的快速发展，靠的是改革开放；中国未来的发展，也必须靠改革开放。我们必须始终保持推进改革开放的坚定信念，继续推进经济体制、政治体制、文化体制、社会体制改革创新，加快重要领域和关键环节改革步伐，不断完善适合我国国情的发展道路和发展模式。

一、面对经济全球化

（一）经济全球化的主要表现

1. 经济全球化的含义

经济全球化是指商品、劳务、技术、资金在全球范围内流动和配置，使各国经济日益相互依赖、相互联系的趋势。

2. 经济全球化形成的客观必然性

经济全球化是世界经济发展的必然，主要表现在以下几点：

（1）科学技术的发展。

（2）生产领域的国际分工与协作不断深化、加强。

（3）市场经济的进一步发展。

3. 经济全球化的表现

当今的世界经济体现了生产全球化、贸易全球化及资本全球化。

生产全球化：生产和分工越来越国际化。生产社会化发展为生产国际化；分工突破国界成为国际分工。

贸易全球化：资本和市场越来越国际化。国内统一市场发展为国际统一市场，全球流动的资本使各国经济和市场的联系达到从未有过的密切。跨国公司、跨国集团规模、资金、技术和实力越来越大，在世界经济发展中发挥着主导作用。

资本全球化：第一，资本总是向利润最高的地方流动，即追求利润的最大化。第二，伴随着生产和贸易全球化，资本全球化规模越来越大。

☞各抒己见

美国2008年的次贷危机为什么会演变成一场席卷全球的世界性金融风暴？

☞参考分析

经济全球化对各国经济的影响。

4. 经济全球化的影响

(1) 经济全球化的积极影响。

促进了生产要素在全球范围内的流动；促进了国际分工水平的提高；促进了国际贸易的迅速发展。

(2) 经济全球化的消极影响。

扩大了世界各国的贫富差距。导致风险全球化，加大了全球经济的不稳定性，威胁发展中国家的经济安全。

对于发展中国家来说，谴责全球化本身是没有用的，因为它已是一种必然趋势，不融入这一过程，将永远落后。唯一的办法是把自己的事情做好，使自己也成为平等的强者。

在经济全球化的环境下，每个国家的发展不进则退。各国应该抓住机遇，同时掌握世界市场的运作规则。

☞各抒己见

面对经济全球化带来的机遇和挑战，作为发展中国家的中国应采取什么态度来应对呢？

☞参考分析

抓住机遇，积极参与，趋利避害，防范风险，迎接挑战。

（二）坚持对外开放的基本国策

实行对外开放是适应生产社会化特别是经济全球化的客观要求，是发展市场经济的内在要求，也是加快我国现代化建设步伐的要求。

第一，实行对外开放是适应生产社会化特别是经济全球化的客观要求。当前，在生产社会化、世界市场、资本和科学技术的推动下，各个国家、各个地区、各个民族的相互联系越来越紧密，越来越加强，出现了全球化发展的趋势。

各种事实表明，全球互动已经越来越明显。像亚洲金融危机对全球经济的影响，日本货币贬值对亚洲乃至全球经济的影响，俄罗斯金融危机对全球经济的影响，美国纽约股市价格波动对全球股市的影响等都是全球互动越来越明显的充分证明。现在，任何国家、任何民族要使自己脱离开来、孤立起来都不可能，只有实行对外开放的政策才能生存下去，发展自己。虽然众多国家和民族在自己的发展过程中都会采取有利于本国和本民族利益的经济保护政策，但保护不等于闭关自守。如果把保护变成了闭关自守，除了落后挨打以外，没有别的前途。

第二，实行对外开放是发展市场经济的内在要求。改革旧的经济体制，建立和完善社会主义市场经济体制是我国新时期经济体制改革的目标。而市场经济体制是在资本主义国家中发展和逐步完善起来的，社会主义国家还从未有过建立市场经济的先例和经验。邓小平指出，社会主义要赢得与资本主义相比较的优势，就必须大胆吸收和借鉴人类社会创造的一切文明成果，吸收和借鉴当今世界各国包括资本主义发达国家的一切反映现代化生产规律的先进经营方式、管理方法。同时，现代市场经济的本质就是开放经济，其要求突破国家界限，在资金、原料、设备、技术、信息等方面发生广泛的联系。因此，发展社会主义市场经济必须充分地实行对外开放，只有这样才能为市场经济的繁荣提供良好的机制，才能使我们的资源要素获得最佳配置。

第三，实行对外开放是加快我国现代化建设步伐的要求。我们是在一个经济文化比较落后的基础上进行社会主义建设的，虽然社会主义经济建设取得了很大成就，但仍处在社会主义初级阶段。同世界先进水平相比，还有相当大的差距。在这样的基础上进行现代化建设，必然会遇到许多困难，其中最突出的困难，一是各种体制特别是经济体制不能适应现代化建设的要求，二是缺少现代化建设所需的资金、技术、管理人才和管理经验。对于前一个困难我们可以通过体制改革来解决，对于后一个困难虽然也可以通过体制改革和内部挖潜来解决，但要完全克服这些困难，仅靠我们自己的力量还不够，很难全部解决，如果大胆采取发达国家在现代化进程中通行的做法，即实行对外开放，不仅能够解决我们在现代化建设中遇到的一些重大困难，而且能够使我们在许多方面不必重复别人走过的路，一开始就站在一个较高的起点上，尽快缩小同世界先进水平的差距，争取在某些领域赶上和超过世界先进水平。

二、加强国际经济竞争与合作

（一）全面提高开放型经济水平

党的十一届三中全会以后，我国开始了对外开放的历史进程。随着经济特区的建立，沿海城市的开放，引进外资、对外经济技术交流与合作的迅速扩大，我国经济摆脱了原来的封闭半封闭状态，逐步形成了全方位、多层次、宽领域的对外开放格局。

全方位，是指我国的对外开放要对世界所有国家开放。我国的对外开放是全方位的开放，是对世界上所有国家的开放。在当今世界，西方国家经济发达，技术先进，实力雄厚，在世界经济活动中居主导地位，拥有雄厚的资金、技术和知识资源。因此，我们在全方位的开放中，对西方发达国家的开放，是我国对外开放的主要方面。我们吸收外资、引进技术等主要来自这些国家。对发展中国家的开放，是我国对外开放的重要方面。

多层次，是指按照不同的开放程度所形成的梯次展开的开放格局。我国多层次的开放格局是：经济特区—沿海、沿江、沿边、沿路开放地区或地带—内陆开放地区。

知识链接

经济特区是指在利用外资方面国家给予特殊优惠政策和实行特殊管理体制的经济区域，这是我国对外开放的第一个层次，是开放总格局中的前沿阵地。沿海、沿江、沿边、沿路开放地区或开放地带是我国对外开放的第二个层次。沿海：包括沿海开放城市和开放地区。国家先后确定大连、秦皇岛、天津、烟台、青岛、连云港、南通、上海、宁波、温州、福州、广州、湛江、北海等城市为沿海开放城市；将长江三角洲、珠江三角洲、闽南三角地带、胶东半岛、辽东半岛以及周围省区，开辟为沿海经济开放区。沿江：以浦东开发为龙头，以三峡工程的兴建为契机，着重推动重庆以下长江流域的全面开发开放，以贯通东西、辐射南北。沿边：为适应我国内陆边疆地区与周边国家经贸关系不断发展的新形势，国家先后决定开放东北的满洲里、黑河、绥芬河、珲春四城市，以及广西、云南、新疆、内蒙古的一系列沿边城市。沿路：是指从连云港至新疆阿拉山口这段铁路的沿线地区，它是联结欧亚两洲“大陆桥”的一部分。内陆开放地区是我国对外开放的第三个层次，它是对外开放格局的纵深腹地。从 20 世纪 90 年代初开始，国家先后批准所有内陆省会城市以及部分内陆中心城市实行开放优惠政策。

宽领域，是指在开放的范围、空间和形式上，有宽阔的活动领域。我们的开放是全面的，在开放范围上，除经济上开放外，在文化建设等方面也坚持对外开放；在开放空间上，由生产领域扩展到商业、金融业、旅游业、信息产业等许多领域，全面走向国际市场；在开放形式上，全面利用国际通行的各种贸易形式和投资形式。

重点提示

全方位：不论对资本主义国家还是社会主义国家，对发达国家还是发展中国家都实行开放政策；不仅经济建设方面坚持对外开放，而且在文化建设方面也坚持对外开放。

多层次：根据各地区的实际情况和特点，通过经济特区、沿海开放城市、经济技术开发区等不同开放程度的形式，形成全国范围内的对外政策。

宽领域：对商品、资本、技术、劳务市场开放；对基础设施、基础产业和服务业领域开放。

拓展对外开放的广度和深度，提高开放型经济水平：在新时期对外开放的政策思路上，进一步明确了两个方面的创新转变：一是开放的规模向质量的转变；二是由让利性开放向互利性开放转变。促进内外联动、互利共赢、安全高效的对外开放新格局的形成。

第一，转变对外贸易增长方式，提高对外贸易效益。在积极发展对外贸易过程中实施以质取胜的战略，优化进出口商品结构，着力提高对外贸易的质量；扩大具有自主知识产权、自主品牌的产品出口，控制高能耗、高污染产品出口，鼓励进口先进技术设备和国内短缺资源；着重提高加工贸易的产业层次和加工深度，增强国内配套能力；大力发展服务贸易，并不断提高服务贸易的层次和水平；完善公平贸易政策，健全外贸运行监控体系，增强处置贸易争端能力，维护企业合法权益和国家利益；积极参与多边贸易谈判，推动区域和双边经济合作，促进全球贸易和投资自由化、便利化。

第二，提高利用外资水平，加强外资产业和区域投向引导，促进国内产业优化升级。着重引进先进技术、管理经验和高素质人才，做好引进技术的消化吸收和创新提高。引导外资积极向研究开发、现代流通等领域拓展，充分发挥集聚和带动效应。致力于拥有更多核心技术与自主知识产权，实现较高的产业等级和有利的分工地位。深化涉外经济体制改革，完善促进生产要素跨境流动和优化配置的各项制度。积极实施“走出去”战略，主要是支持有条件的企业“走出去”，按照国际通行规则到境外投资，鼓励境外工程承包和劳务输出，扩大互利合作和共同开发。同时，要完善对境外投资的协调机制和风险管理，完善对外投资服务体系，为企业“走出去”创造条件。

重点提示

坚持实施互利共赢的开放战略。近些年来，我们抓住经济全球化发展的机遇，形成了全方位、多层次、宽领域的对外开放格局。目前，随着我国对外贸易不断发展和吸收外资不断增加，对外开放进入了商品和要素全面双向流动的新阶段，国内外经济联系日益紧密，相互影响不断加深，经济利益互相交织，我国对外经济关系正在发生重大变化。必须统筹国内国际两个大局，树立国际眼光，加强战略思维，把握发展机遇，应对风险挑战，营造良好环境，更好利用国际国内两个市场、两种资源，完善开放型经济体系，促进经济发展方式转变和国民经济又好又快发展。

（二）坚持发展对外经济关系的原则

在我国经济实现持续高速增长与发展中，对外开放战略发挥了重大的作用。但是随着我国参与经济全球化程度的加深，对外开放面临着一系列新的问题和挑战。

第一，切实维护国家安全。经济全球化是社会生产力和科学技术发展的客观要求和必然结果，有利于促进资本、技术、知识等生产要素在全球范围内的优化配置，为我们带来了新的发展机遇，但它也使国家的经济安全、政治安全、文化安全以及环境与生态安全等受到挑战和威胁。因此，在开放过程中，要提高防范和化解各种风险、切实维护国家安全的能力。

知识链接

所谓国家经济安全，是指一国最为根本的经济利益不受损害。其主要内容包括：一国经济在整体上主权独立、基础稳固、运行健康、增长稳定、发展持续；在国际经济生活中具有一定的自主性、防卫力和竞争力；不至于因为某些问题的演化而使整个经济受到过大的打击和遭受过多的损失；能够避免或化解可能发生的局部性或全局性的危机。

就经济发展而言，经济全球化在促进各国之间加强经济联系的同时，也使全球经济的不稳定性加剧。在开放度比较大的经济体系中，由全球经济波动引起的不稳定因素更容易对国内经济产生冲击，这使政府对本国经济进行调控的能力受到一定程度的限制。

因此，对开放型经济中产生的风险和问题要做好充分准备。一方面，加强对全球经济走势和波动的预测，增强防范和化解风险的能力；另一方面，要坚持走自主创新道路，对国内产业提升、技术进步要有充分的认识，制定和实施国家技术和产业发展战略，着力提高自我发展能力。同时，要正确处理好利用国内资源和国际资源、发展国内市场和国际市场之间的关系。

第二，实行对外开放要处理好对外开放与独立自主、自力更生的关系。坚持独立自主、自力更生与对外开放是相辅相成的，它们在本质上是统一的。对外开放、发展对外经济关系正是为了进一步增强自力更生的能力，而自力更生地发展本国经济又是实行对外开放的基础，只有经济实力和综合国力提高了，才能扩大对外开放的深度和广度。对外开放与自力更生都是为了更好更快地发展社会主义，必须把两者有机结合起来。当今世界，人类社会步入了一个科技创新不断涌现的重要时期，坚持独立自主、自力更生，把增强自主创新能力作为国家战略贯穿到现代化建设各个方面，建设创新型国家，对不断巩固和发展中国特色社会主义伟大事业，是极其重要的。

独立自主、自力更生不是闭关自守、盲目排外。离开对外开放奢谈独立自主、自力更生，最终只能使我国丧失独立自主、自力更生的能力。对外开放是我们为了发展社会主义事业而采取的一种积极向世界敞开大门，吸收人类先进科技知识和经验，加速独立自主发展的政策，是我们采取的主动与世界各国接触和联系，互利互惠、共同发展的方针。它不会有损于国家的主权，不会削弱国家独立自主的力量。对外开放也不排斥自力更生，更不能代替自力更生，反而会加强我们自力更生的能力。

总之，在独立自主、自力更生的基础上，发展对外开放，才是正确的选择。

案例分析

开放前的深圳是一个荒凉的小渔村，而今天的深圳已经发展成为一个充满现代化气息的大都市。从深圳这个小小的窗口的巨大变化中，我们可以深深地感受到中国改革开放30多年来发生的翻天覆地的变化。而这一变化，正是源于对对外开放理论的探索和实践。

参考分析： 对外开放是一个地区、国家发展的重要举措，只有对外开放，才能增强自身的实力，才能更好、更快地发展自身的事业。

知识链接

中国加入WTO

经过长达15年的谈判，2001年12月，我国正式成为世界贸易组织的成员。加入世界贸易组织，标志着我国对外开放进入了一个新的阶段，对我们来说既是机遇，也是挑战。加入世界贸易组织后的中国，一方面，以认真负责的态度全面履行承诺，降低关税，减少非关税壁垒，逐步开放服务业市场，按照世界贸易组织的要求加快在知识产权方面的立法，等等；另一方面，在统筹国内发展和对外开放、利用两个市场和两种资源方面取得了明显进展。

第三，同时做好“引进来”和“走出去”两方面工作。改革开放30多年来，我国实施对外开放的基本国策首先是以“引进来”为主。通过积极引进大量国内急需的资金、设备、技术和短缺原材料，引进国外的管理经验来发展壮大自己，取得了很大的成绩，成为我国经济和社会发展的一条成功经验。随着我国经济发展水平的提高和现代化建设的推进，20 世纪 90 年代后期，我国在“引进来”的基础上开始实施“走出去”战略，并取得了初步成效。我国鼓励各种所有制企业“走出去”，开拓国际市场，到境外投资办企业，带动设备、零部件出口和劳务输出，开展带资承包、投资经营，提供无息、低息贷款，有利于实现互惠互利、共同发展。

“引进来”和“走出去”是我们对外开放的两个紧密联系、相互促进的方面，缺一不可。在新的条件下扩大对外开放，必须更好地实施“引进来”和“走出去”同时并举、相互促进的开放战略，努力在“走出去”方面取得明显进展。实施“走出去”战略，是把对外开放推向新阶段的重大举措，是更好地利用国内外两个市场、两种资源的必然选择，是逐步形成我们自己的大型企业和跨国公司的重要途径。只有实施既“引进来”又“走出去”的双向开放，才是全面意义的开放。我国的开放，既要对外开放我国的市场，同时又要开拓国外的市场。

只有将“引进来”和“走出去”结合起来，全面提高对外开放水平，才能更加积极主动地参与经济全球化，在更大范围、更广领域、更多层次上参与竞争，更好地利用国内外两个市场、两种资源，弥补国内市场与资源的不足，进一步拓宽经济发展空间，提高国际竞争力，在国际经济的激烈竞争中发挥比较优势和后发优势。总之，只有在国际综合国力的较量中掌握主动权，最大限度地获得经济全球化和加入世界贸易组织带来的利益，才能紧紧抓住 21 世纪头 20 年完善社会主义市场经济体制和扩大对外开放这一重要战略机遇期，为实现全面建设小康社会的宏伟目标创造条件。

案例分析

1997 年东南亚金融危机、2008 年美国次贷危机的启示。

参考分析：注重防范国际经济风险。随着对外开放的不断深化，世界经济对我国经济发展的影响越来越大。一方面，我国可以利用两个市场和两种资源发展经济；另一方面，我国又面临着世界市场的激烈竞争，尤其是发达国家经济优势的压力。如何维护国家经济安全的问题日渐突出。

本课小结

在现代社会，经济的全球化已成必然趋势，作为全球经济发展的大国，中国应该如何应对经济全球化的世界局面？改革开放 30 多年的经验证明，我们要坚持全方位、多层次、宽领域的改革方向，积极引进外资等，在“引进来”的同时，也要积极鼓励中国的品牌“走出去”，去开拓国际市场，利用国际资本，提升民族工业的实力。每个同学都应学会用开放的眼光看待世界经济的发展，掌握我国的对外开放政策。

思维拓展

1. 简述经济全球化的表现。
2. 如何理解对外开放是我们必须长期坚持的基本国策？
3. 如何理解对外开放与独立自主、自力更生的关系？

第三单元

拥护社会主义政治制度

第8课

我国的社会主义政治制度

学习目标

1. 识记人民代表大会制度、中国特色的政党制度。
2. 了解民族区域自治制度。
3. 认识我国社会主义政治制度的相关内容。
4. 理解我国政治制度的优越性。

重点知识

1. 中国共产党领导的多党合作和政治协商制度。
2. 民族区域自治制度。
3. 基层群众自治制度。

运　用

充分认识我国社会主义政治制度的特点和优势，确立主人翁意识，提高自己的政治素质，树立为建设有中国特色的社会主义事业而奋斗的政治责任感。

案例导入

北京天通苑小区居民找到人大代表任某，反映天通苑小区的交通拥堵状况，市人大代表任某深入实地考察，向北京市政府提出建议，要求尽快拓宽立水桥至天通苑地区的道路。接到该建议后，市政府高度重视，安排实施立汤路天通苑段改建工程。改建后的道路为双向六车道城市主干路，设计通行能力可达 8 万辆/天，工程投资

8 060 万元。

这个案例充分说明，人大代表履行职责，听取和反映人民群众的意见和要求，为人民办实事。

新中国成立后，建立了社会主义政治制度，实现了人民民主专政，我国找到了实现人民民主的正确途径。人民民主专政是我国的国体，人民代表大会制度是我国的政体。中国共产党领导的多党合作和政治协商制度是我国的一项基本政治制度，民族区域自治制度也是我国的一项基本政治制度。基层群众自治制度是一种基层自治和民主管理制度，是社会主义民主广泛且深刻的实践。中国应坚定不移地走自己的政治发展道路，坚持社会主义政治制度的自我完善和发展。

一、人民代表大会制度

人民代表大会制度在充分体现人民意志、反映人民意愿、保障人民权益、推进民主法制、促进社会主义建设等方面发挥了重要作用。实践告诉我们，只有坚持走中国特色政治发展道路，坚持和完善人民代表大会制度，才能切实保证人民行使当家做主的权利。

（一）人民代表大会制度的含义

人民代表大会制度作为我们国家的一项根本政治制度，它的根本性主要体现在两个方面：第一，这一制度在我国政治制度体系中居于核心地位，决定着国家社会生活的各个方面和其他各种具体制度。人民代表大会作为国家权力机关，它的权力是人民授予的，并且代表人民行使权力。国家行政机关、审判机关、检察机关的行政权、审判权、检察权等，都是由人民代表大会通过制定宪法和法律授予的，都必须按照人民代表大会通过的宪法和法律办事。第二，这一制度是我国各种国家制度的源泉，国家的其他制度，如婚姻家庭制度、民事商事制度、国家机构的制度、刑事制度、诉讼制度等，都是由人民代表大会通过立法创制出来的，都要受到人民代表大会制度的统领和制约。

人民代表大会制度体现了人民民主的真实性。人民代表大会制度是按照民主集中制原则，由人民选举人民代表组成人民代表大会作为国家权力机关，统一领导国家事务的政治制度。宪法明确规定："中华人民共和国的一切权力属于人民。"这是我国国家制度的核心内容和基本准则。人民当家做主，最根本、最重要的是掌握国家权力。人民掌握国家权力，需要有相应的组织形式和制度来实现。人民代表大会制度准确体现了人民与国家权力之间的关系。这就是：人民通过民主选举代表，组成国家权力机关，行使国家权力。人民通过人民代表大会制度，保证法律的制定和国家重大问题的决策真正体现人民的意志、代表人民的利益，这是社会主义民主政治的本质特征。

（二）人民代表大会制度具有显著的优越性

我国《宪法》第三十四条规定：中华人民共和国年满十八周岁的公民，不分民族、种族、性别、职业、家庭出身、宗教信仰、教育程度、财产状况、居住期限，都有选举权和被选举权。这就从国家根本大法的意义上，确保了我国人大代表选举的普遍性和代表的广泛性。

人民代表大会制度的运行方式，有效地保障了人民真正行使当家做主的权利。目前，我国各级人大代表都是兼职的，是人民中的一员，工作和生活在亿万人民群众之中，同人民群众保持着密切联系，了解人民群众的意见和要求。人民代表大会坚持以人为本、为民立法，积极推进科学立法、民主立法。重要立法的法案都向社会全文发布，广泛征求、吸收各界意见，"开门立法"已步入常态化。如 2006 年《劳动合同法（草案）》向全社会公布征求意见后，短短 1 个月就收到 19 万条意见；2008 年《食品安全法（草案）》发布后，人们通过网络、报刊、来信等不同方式提出 11 327 条意见；对《社会保险法（草案）》，各界群众提出的意见和建议高达 70 501 条。可见，人民代表大会制度能够切实体现人民的意志，充分反映人民的呼声，有利于维护人民的权益，真正体现了人民当家做主。

知识链接

2005 年 3 月 14 日，十届全国人大三次会议高票通过《反分裂国家法》。

立法权是指制定法律的权力。全国人民代表大会及其常委会行使国家立法权。省、直辖市的人大及其常委会在不与宪法、法律、行政法规相抵触的前提下，可以制定地方性法规，但须报全国人大常委会备案。

全国人大审议批准的2006年国防预算为2 838亿元人民币，约合351亿美元，比上年预算执行数增长14.7%。

决定权是指宪法和法律赋予各级人大和县级以上各级人大和人大常委会依照法定程序决定国家和社会或本行政区域内重大事项的权力。

2003年3月，十届全国人大一次会议选举胡锦涛担任国家主席，温家宝当选中华人民共和国国务院总理。

任免权是指各级人大及其常委会对相关国家机关领导人员及组成人员进行选举、任命、罢免、免职、撤职等的权力。

人民代表大会制度的内容：

第一，全国人大代表和地方各级人大代表由民主选举产生，对人民负责，受人民监督。民主选举是民主集中制的基础，选举权和被选举权是人民行使国家权力的重要标志。选民或选举单位有权依照法定程序选举代表，并有权依照法定程序罢免自己选出的代表。

第二，宪法规定了人民代表大会及其常务委员会的职权。人大及其常委会集体行使国家权力，集体决定问题，严格按照民主集中制的原则办事。

第三，国家行政、审判、检察机关由人民代表大会产生，对大会负责并受其监督。

第四，中央和地方国家机构职能的划分，遵循在中央统一领导下，充分发挥地方的主动性、积极性的原则。

知识链接

我国的国家机构

我国的国家机构包括全国人民代表大会、国家主席、最高人民法院、最高人民检察院、国务院、中央军事委员会。全国人民代表大会是国家最高权力机关，国家主席是国家元首，最高人民法院和最高人民检察院是国家司法机关，国务院是国家最高行政机关，中央军事委员会是最高军事机关。

全国人民代表大会代表是最高国家权力机关的组成人员，地方各级人民代表大会代表是地方各级国家权力机关的组成人员。人大代表代表人民在国家权力机关行使管理国家的权力，除审议各项议案外，还享有提案权、质询权和发言、表决无责权。提案权是指人民代表有权依照法定程序向人民代表大会提出议案；质询权是指人民代表有权根据法律规定程序对政府等机关工作提出质问并要求答复；发言、表决无责权是指人民代表在人民代表大会各种会议上的发言、表决不受法律追究等。

（三）坚持和完善人民代表大会制度

世界上有那么多类型的政体，为什么我们要确立和坚持人民代表大会制度这种政体呢？这是因为，它是同我国国体相适应的政体形式。我国的国体是工人阶级领导的、以工农联盟为基础的人民民主专政的社会主义国家。这一国体决定了，我们国家的一切权力属于人民。但 13 亿人民不可能直接管理国家，必须通过一定的组织形式来实现。这种形式就是建立在民主集中制基础上的人民代表大会制度：人民通过普遍选举产生具有广泛代表性的代表，人大代表了解和收集全国各族人民的意见和要求，通过人民代表大会把这些意见和建议集中起来，使之上升为法律和法令，由人民代表大会选举产生的各级人民政府使这些法律和法令得到切实贯彻执行。这种制度既能充分反映广大人民的意愿，又有利于形成全体人民的统一意志，保障了人民当家做主的权利，体现了社会主义制度的本质要求，是人民掌握国家权力的根本途径和最高实现形式。

新中国成立 60 多年来，人民代表大会制度同我们党的命运、国家的命运、人民的命运息息相关。每当这个制度健康运行发展，人民民主就发挥得比较充分，决策就比较正确，我们的事业就能得到顺利发展；反之，这个制度遭到破坏，人民当家做主的权利就会受到损害，国家和社会就会陷入混乱。人民代表大会制度作为我国的根本政治制度，必须牢牢坚持和不断完善。

人民代表大会制度有利于我国社会主义制度的巩固和国家的团结、稳定和统一。我国是人民民主专政的国家，国家一切权力属于人民，实行人民代表大会制度，有利于充分反映人民的愿望和要求，代表人民的利益，体现人民的意志；我国坚持公有制为主体、多种所有制经济共同发展的基本经济制度，国家的经济命脉掌握在人民手中，实行人民代表大会制度，有利于坚持和不断巩固这一基本经济制度，更好地维护最大多数人的利益；我国是一个幅员辽阔、拥有 56 个民族的大国，人民代表大会由各民族选出的代表组成，法律上保证每个民族都有代表参与国家政权，有利于巩固和发展平等、团结、互助的社会主义民族关系，保护各少数民族的合法权益，促进少数民族地区的经济和社会发展，实现全国各族人民的大团结。实践证明，实行人民代表大会制度符合中华民族的历史传统，有利于社会主义制度的巩固，有利于各民族的大团结和整个国家的改革、发展和稳定。

二、政党制度

（一）中国共产党的领导地位

政党制度是国家政治制度的重要组成部分，是指国家政治生活中各政党之间以及政党与政权之间关系的制度。中国共产党领导的多党合作和政治协商制度是我国的一项基本政治制度，是中国特色社会主义政党制度。人民通过选举、投票行使权利和人民内部各方面在重大决策之前进行充分协商，尽可能就共同性问题取得一致意见，是我国社会主义民主的两种重要形式。

我国《宪法》序言明确规定："中国共产党领导的多党合作和政治协商制度将长期存在和发展。"我国是人民民主专政的社会主义国家，同这种国体相适应的政权组织形式是人民代表大会制度，同这种国体相适应的政党制度是中国共产党领导的多党合作和政治协商制度。这一政党制度的基本特征是：共产党领导、多党派合作，共产党执政、多党派参政。这一政党制度既能实现广泛的政治参与，集中各民主党派、各人民团体和各界人士的智慧，促进执政党和各级政府决策的科学化、民主化，又能集中统一，统筹兼顾各方面群众的利益要求。

中国共产党的领导是由它的性质和宗旨决定的。中国共产党是作为中国工人阶级政党登上历史舞台的，全心全意为人民服务是它的根本宗旨。中国共产党是中国工人阶级的先锋队，是中国人民和中华民族的先锋队。中国共产党始终代表中国先进生产力的发展要求、中国先进文化的前进方向、中国最广大人民的根本利益。

中国共产党的领导是中国历史的必然选择。从历史上看，19 世纪中国的农民阶级进行了轰轰烈烈的太平天国运动。中国的资产阶级维新派和革命派在中国分别进行了资产阶级道路的尝试，但是却没有救中国于水火之中。1921 年中国共产党成立了，开始领导全国各族人民进行艰苦卓绝的斗争，直至取得了新民主主义革命的胜利，建立了新中国。新中国成立以后，中国共产党成为执政党，领导人民实现了由新民主主义向社会主义的过渡，建立了社会主义制度，实现了中国历史上最广泛、最深刻的社会变革，开创了中国社会主义现代化建设事业。十一届三中全会以来，党做出改革开放的战略决策，带领人民走出了一条中国特色社会主义的崭新道路，取得了举世瞩目的伟大成就。在长期领导中国革命、建设和改革的过程中，中国共产党确立和巩固了自己的领导地位，成为中国特色社会主义事业的领导核心。

中国共产党自成立之日起就深深地植根于中国人民和中华民族中，有深厚的群众基础，始终为人民的解放和幸福、民族的独立和复兴、国家的繁荣与富强，领导全国各族人民百折不挠地艰苦奋斗。在中国，从来没有任何一个政治组织像中国共产党这样集中了那么多先进分子，组织得那么严密和广泛，为中华民族做出了那么多牺牲。

（二）中国共产党领导的多党合作和政治协商制度

中国共产党领导的多党合作和政治协商制度是一种新型政党制度。这是因为，它既不同于许多资本主义国家的多党制或两党制，也不同于一些国家的一党制，而是根据中国实际创造出来的，具有鲜明的中国特色。这个特色，首先就是坚持中国共产党的领导。中国共产党领导，是各民主党派的自觉选择，也是我国政党制度的基本前提。60 多年的历史实践证明，只有坚持中国共产党的领导，才能在多党合作中保持正确的政治方向，才能使各民主党派在同共产党的团结合作中不断取得历史性的进步，才能同心协力地把共同事业不断推向前进。可以说，坚持共产党领导是我国政党制度区别于其他政党制度的根本特点。这个特色，还在于坚持中国共产党领导并不是搞一党制。

重点提示

中国共产党同其他党派的关系是：共产党领导、多党派合作，共产党执政、多党派参政，各民主党派不是在野党和反对党，而是同共产党亲密合作的友党和参政党；共产党和各民主党派在国家重大问题上进行民主协商、科学决策，集中力量办大事；共产党与各民主党派互相监督，促进共产党领导的改善和参政党作用的加强。这种新型政党关系，是我国政党制度区别于其他政党制度的鲜明特点。

中国共产党领导的多党合作和政治协商制度在我国已经实行了 60 多年。60 多年来，这一制度在充分发扬社会主义民主、推进我国民主政治建设中发挥了重要作用。中国共产党领导的多党合作和政治协商制度的制度设计，有利于把全社会的智慧和力量充分调动起来、凝聚起来，有利于执政党决策的民主化、科学化。中国共产党同各民主党派、无党派民主人士在长期合作中形成了充分信任、相互协商的传统和机制。

中共中央在做出重大决策前，都会认真听取民主党派主要领导人和无党派代表人士的意见，共商国是。据不完全统计，1990 年至 2006 年年底，中共中央、国务院自行召开及委托有关部门召开的协商会、座谈会、情况通报会达 230 多次，其中由中共中央总书记主持召开的就有 74 次。各民主党派、无党派人士围绕三峡工程、西部大开发、振兴东北地区等老工业基地、抗击非典、完善宏观调控、建设社会主义新农村、应对国际金融危机冲击等一系列具有全局性、战略性、前瞻性的重大问题，提出了许多重大意见和建议，对于党和政府的科学决策发挥了重要作用。

重点提示

多党合作的政治基础是坚持中国共产党的领导、坚持四项基本原则。中国共产党是国家政权的组织者和领导者，是中国社会主义事业的领导核心。因此，多党合作必须坚持中国共产党的领导。四项基本原则是立国之本，是改革开放和现代化建设的政治保证，共产党与各民主党派合作，必须以坚持四项基本原则为政治基础。

中国共产党领导的多党合作和政治协商制度有利于巩固安定团结的政治局面。旧中国一盘散沙、四分五裂，常令中华民族志士仁人扼腕叹息。昔日的“散”同今日的“合”形成鲜明对比，究其原因，其中就有我国政党制度发挥的作用。中国共产党领导的多党合作和政治协商制度吸取和弘扬了中华传统文化重视和合的长处，强调执政党和参政党合作共事、求同存异、民主协商，形成了强大的社会整合力，极大地调动了各方面的积极性和创造性。中国共产党与各民主党派是在共同的思想政治基础上团结协作、共同奋斗。各民主党派参加国家政权，参与国家大政方针和国家领导人选的协商，参与国家事务的管理，参与国家方针、政策、法律、法规的制定和执行，在我国政治、社会生活中发挥着重大作用和独特优势。这就从根本上消除了政党攻讦造成的政局不稳和政权频繁更迭，最大限度地减少了社会内耗，有利于维护政治和谐稳定与国家长治久安。

知识链接

多党合作的基本方针是“长期共存、互相监督、肝胆相照、荣辱与共”。“长期共存”是指中国共产党存在多久，各民主党派就存在多久，“相互监督”是指中国共产党与各民主党派在平等的基础上相互监督，尤其强调参政党监督共产党。要“长期共存”必须“相互监督”。“肝胆相照、荣辱与共”表明参政党要和执政党一起经受考验，共同承担国家民族盛衰兴旺的责任。

多党合作的重要机构是中国人民政治协商会议，简称人民政协。人民政协是中国共产党和各民主党派合作的组织形式。人民政协还包括无党派人士、各人民团体、少数民族人士、各界爱国人士、香港澳门特别行政区同胞、台湾同胞等。

重点提示

人民政协的主要职能：一是政治协商；二是民主监督；三是参政议政。

三、民族区域自治制度

（一）民族区域自治的基本内容

民族区域自治是结合我国各民族特点提出的解决我国民族问题的基本政策，也是国家的一项重要政治制度。这一制度充分体现了国家尊重和保障各少数民族管理本民族内部事务的权利的精神，促进了社会主义民族关系的巩固和发展，促进了少数民族地区政治、经济和文化的发展，也维护了国家的团结与统一。

民族区域自治，就是在国家的统一领导下，各少数民族聚居的地方实行区域自治，设立自治机关，行使自治权的制度。它是我国的一项基本政治制度，也是解决我国民族问题的基本制度。

重点提示

自治权是民族区域自治制度的核心内容

自治权是自治机关根据本地方实际情况贯彻执行国家法律、政策，自主地管理本民族自治地方内部事务的权力。宪法和民族区域自治法赋予自治机关的自治权，其范围、内容十分广泛，涉及政治、经济、文化和社会生活各个方面。

世界上的多民族国家在处理民族问题方面有不同的制度模式，如联邦制、邦联制、民主自治等，中国采用的是民族区域自治。民族区域自治是在统一而不可分离的国家领导下，各少数民族聚居的地区设立自治机关，行使自治权，实行区域自治。民族区域自治的核心是，保障少数民族当家做主，管理本民族、本地区事务的权利。

实行民族区域自治，是我们党根据我国的历史发展、文化特点、民族关系和民族分布等具体情况作出的制度安排，符合各民族人民的共同利益和发展要求。第一，统一的多民族国家的长期存在和发展，是我国实行民族区域自治的历史依据。第二，近代以来在反抗外来侵略斗争中形成的爱国主义精神，是实行民族区域自治的政治基础。第三，各民族大杂居、小聚居的人口分布格局，各地区资源条件和发展的差异，是实行民族区域自治的现实条件。

知识链接

根据宪法、民族区域自治法和其他法律的规定，我国各民族自治地区的自治机关享有广泛的自治权利。一是自主管理本民族、本地区的内部事务；二是享有制定自治条例和单行条例的权利；三是享有宗教信仰自由的权利；四是享有使用和发展本民族语言文字、按照传统风俗习惯生活及进行社会活动的权利和自由。此外，还拥有自主安排、管理、发展经济建设事业，自主发展教育、科技、文化等其他各项权利。

（二）民族区域自治制度的优越性

中国共产党从中国国情出发，在少数民族地区实行民族区域自治制度，合乎国情，符合民意，具有很大的优越性，主要表现在：

第一，有利于维护国家的统一和安全。民族区域自治是以领土完整、国家统一为前提和基础的，是国家统一领导与民族区域自治的有机结合。它增强了中华民族的凝聚力，使各族人民，特别是少数民族人民把热爱本民族和热爱祖国的深厚感情结合起来，更加自觉地担负起捍卫祖国统一、保卫边疆的光荣职责。

第二，有利于少数民族人民当家做主的权利得以实现。实行民族区域自治，保证民族自治地区充分享有自治权利，自主管理本地区内部事务，同时也满足了少数民族人民积极参加国家政治生活的愿望。

第三，有利于发展平等、团结、互助、和谐的社会主义民族关系。各民族自治地区以一个、两个或两个以上少数民族为主体，同时包括当地居住的汉族和其他少数民族，这使各族人民之间的联系更加密切，逐步消除了历史遗留下来的民族隔阂。

第四，有利于促进社会主义现代化建设事业的蓬勃发展。民族自治地区的自治机关，能够密切结合本民族、本地区的特点，把少数民族的特殊利益与国家的整体利益协调起来，充分发挥各民族、各地区的特长和优势，调动各族人民参加国家建设的积极性、主动性和创造性。

四、基层群众自治制度

（一）基层群众自治制度的内容

我国的基层群众自治制度是在新中国成立后的民主实践中逐步形成的，是一种有效的基层政权组织形式。

基层群众自治制度是指城乡居民群众以相关法律法规政策为依据，在城乡基层党组织的领导下，在居住地范围内，依托基层群众自治组织，直接行使民主选举、民主决策、民主管理和民主监督等权利，实行自我管理、自我服务、自我教育、自我监督的制度与实践。基层群众自治是人民当家做主最有效、最广泛的途径。基层群众自治制度的内容主要包括以下几个方面：

一是基层民主，这是坚持基层群众自治制度的基本前提；

二是基层公共事务和公益事业，这是基层群众自治的基本对象；

三是实行自我管理、自我服务、自我教育、自我监督，这是基层群众自治的基本要求；

四是基层党组织的领导，并在党组织的领导下建立健全充满活力的基层群众自治机制，这是基层群众自治的保障条件；

五是城乡社区建设，这是基层群众自治的有效载体和平台。

十七大报告关于我国基层群众自治工作的要求，对于《城市居民委员会组织法》《村民委员会组织法》的修订产生了重要影响，明确提出了三个方面的要求：要求以保障人民的民主权利作为基层群众自治工作的指导思想；要求发展基层民主政治要从加强基层党组织的民主建设着手；要求基层群众自治应当遍及所有的基层群众组织。

十七大报告关于基层群众自治工作的内容：

一是在今后的基层群众自治工作中，一定要以保障人民群众的民主权利为核心。也就是说，基层群众自治应当建立在群众参与、民主决策的基础上，凡是非民主的工作方式都是与基层群众自治工作的要求不相适应的。

二是基层群众自治工作，要从基层党组织的民主化开始。也就是说，基层党组织在贯彻落实党的政策和国家法律的过程中，不仅要尊重人民的民主权利，尊重人民群众的自治意愿，而且自身也要按照民主原则办事，基层党组织首先要获得群众的信任，然后才能领导群众实行良好的自治，行使当家做主的权利。这样就要求实行基层党组织和社会组织两个方面的民主化。

三是应当深入到所有的社区、社会组织或者是社会团体，凡是涉及人民群众切身利益的事情，人民群众都应当获得充分的机会来行使自己的民主权利，表达自己合理的利益诉求，并参与各项民主决策。

（二）完善基层群众自治制度的意义

第一，完善基层群众自治制度，体现了人民群众的新要求与新期待。

第二，基层群众自治制度增强了社会主义民主的广泛性和实效性。

第三，基层群众自治制度体现了社会主义民主政治的特点和优势。

第四，基层群众自治制度反映了社会主义民主政治的发展路径。

第五，基层群众自治制度提高了人民群众的民主素质。

本课小结

通过本课的学习，我们知道了我国社会主义政治制度的相关内容，人民代表大会制度是我国的根本政治制度，中国共产党领导的多党合作和政治协商制度、民族区域自治制度、基层群众自治制度，都是适合我国国情的基本政治制度。

思维拓展

1. 简述人民代表大会制度的优越性。
2. 简述中国特色的政党制度的内容。
3. 如何落实民族区域自治政策？
4. 如何完善基层群众自治制度？

第9课

我国民主政治的发展道路

学习目标

1. 识记国体的含义。
2. 明确我国的国体。
3. 理解人民当家做主是社会主义的本质。

重点知识

1. 民主的含义。
2. 发展社会主义民主政治的途径。
3. 我国社会主义政治制度的特点和优势。

运　用

了解我国社会主义政治制度的特点和优势，认识人民当家做主的社会主义本质，树立建设有中国特色的社会主义事业的远大目标。

案例导入

从社会制度方面思考：1931 年发生洪灾时，当时中国正处于半殖民地半封建社会时期。1998 年发生洪灾时，我国的社会制度是社会主义国家。从国家政权方面思考：1931 年发生洪灾时，国家政权掌握在大地主大资产阶级手中，为其阶级利益服务。1998 年发生洪灾时，国家政权掌握在人民手中，实行人民民主专政，人民当家做主，国家政权为广大人民服务。你还能举出一些对比鲜明的例子来说明这个变化吗?

在长期的社会主义现代化建设和改革开放的伟大实践中，我国民主政治发展的进程也日益加快，我国的社会主义民主政治建设取得了长足发展，我国的社会主义民主具有真实性，有制度、法律、物质的保障，人民能自己管理国家，人民的利益得到了充分的实现。人民民主专政是新型专政，是绝大多数人民对极少数敌视和破坏社会主义事业的敌人实行专政。

一、人民民主是社会主义的生命

（一）发展社会主义民主的必然性

我国《宪法》第一条规定："中华人民共和国是工人阶级领导的、以工农联盟为基础的人民民主专政的社会主义国家。"这一规定表明，我国的国体或国家性质是工人阶级领导的、以工农联盟为基础的人民民主专政的社会主义国家。所谓人民民主专政，是指工人阶级领导的，以工农联盟为基础的，对人民实行民主，对敌人实行专政的一种国家政治权力。

知识链接

国家不是从来就有的，是人类社会发展到一定历史阶段才出现的，是阶级矛盾不可调和的产物，是阶级统治的政治权力机关，是阶级统治的工具。

中华人民共和国成立后，工人阶级领导的、以工农联盟为基础的人民民主专政，一直是我国的国体。毛泽东认为，这两方面，对人民内部的民主方面和对反动派的专政方面，互相结合起来，就是人民民主专政。他还指出，我们的专政，叫作工人阶级领导的以工农联盟为基础的人民民主专政。这就表明，在人民内部实行民主制度，而由工人阶级团结全体有公民权的人民，首先是农民，向着反动阶级、反动派和反抗社会主义改造和社会主义建设的分子实行专政。

重点提示

所谓国体，即国家性质，是指社会各阶级在国家中的地位。具体地说，就是国家政权掌握在哪一个阶级手里，哪个阶级是统治阶级，哪个阶级是被统治阶级。统治阶级的阶级性质决定着国家的性质。国家政权掌握在哪个阶级手中，实行为哪个阶级服务的政策，是判断国家性质的根本标志。

我国的人民民主专政与无产阶级专政虽然在提法上有所不同，但实质上是一致的：首先，二者都是以工人阶级为领导的；其次，二者都是以工农联盟为阶级基础的；再次，二者的国家职能都是保障人民民主、对敌人实行专政、组织经济和文化建设；最后，二者的最终目的都是要消灭一切阶级，实现共产主义。我国之所以提人民民主专政而不提无产阶级专政，这是因为：

第一，人民民主专政的提法反映了我国政权建设的特点，适合我国的国情，能够使我们的国家政权更广泛地团结一切可以团结的人。

第二，人民民主专政的提法确切地表明了我国的阶级状况和政权的广泛基础，即占全国人口绝大多数的包括知识分子在内的工人和农民是国家政权的主人。

第三，人民民主专政的提法直接体现了对人民实行民主和对敌人实行专政两个方面，准确地表述了民主和专政两种职能的结合。正如 1982 年修改《宪法》时担任宪法修改委员会副主任委员并直接主持宪法修改工作的彭真所说："工人阶级是我国的领导阶级，它在总人口中是少数，但有广大农民作为巩固的同盟者，并且在长期的革命和建设过程中形成了共产党领导的极其广泛的统一战线。我们国家能够在最广大的人民内部实行民主，专政的对象只是极少数人。人民民主专政的提法，确切地表明我国的这种阶级状况和政权的广泛基础，明白地表示出我们国家政权的民主性质。"

人民民主专政的国家性质决定了我国必须对人民实行民主。在我国，只有人民，才是国家和社会的主人。1954 年宪法、1975 年宪法、1978 年宪法和 1982 年宪法都明确规定：中华人民共和国的一切权力属于人民。人民行使国家权力的机关是全国人民代表大会和地方各级人民代表大会，这是我国的根本政治制度，是实现人民民主的基本形式。我国宪法和法律充分确认和保证了我国人民当家做主的地位，保障了我国公民享有广泛的、真实的自由和权利。人民民主专政除了在人民内部实行民主的一面，还包括全体人民对于人民的敌人实行专政的一面。所以，我国社会主义法还要能够保证从实体法和程序法等方面，同一切犯罪行为作斗争，以保卫国家安全，保卫人民民主专政的政权和社会主义制度，保护国有财产和劳动群众集体所有的财产，保护公民私人所有的财产，保护公民的人身权利、民主权利和其他权利，维护社会秩序、经济秩序，保障社会主义建设事业顺利进行。

☞各抒己见

在长期的社会主义现代化建设和改革开放的伟大实践中，我国民主政治发展的进程也日益加快，具体表现在什么方面？

☞参考分析

从人民民主专政和人民代表大会制度的建立，到党的十一届三中全会以来的我国社会主义民主政治建设的长足发展；从党的十五大“依法治国”基本方略的提出，到党的十五届五中全会做出的“扩大公民有序的政治参与，引导人民群众依法管理自己的事情”的重大决定；从党的十六大首次提出建设社会主义政治文明的主张，到党的十七大强调“人民民主是社会主义的生命”，这一切表明我国人民民主的政治制度在不断完善，人民民主的内容在不断扩大，人民的各项权益正得到越来越切实的政治保障。

（二）人民当家做主是社会主义的本质

没有民主就没有社会主义，就没有社会主义现代化。第一，发扬民主是社会主义本质的要求。社会主义要促进生产力的高度发达，这种高度发达的生产力是为全社会和全体人民谋利益的。而要实现这个目标就要求无产阶级掌握国家政权并实现高度的社会主义民主。民主是社会主义题中应有之义，民主的本义就是人民当家做主。因此，只有发扬社会主义民主，才能使社会各项事业符合人民的利益和愿望，促进社会主义制度的巩固。第二，发扬民主有利于巩固和发展社会主义制度。社会主义制度建立之后，只有实行充分的民主，才能切实保障人民在国家中的主人翁地位，调动人民为保卫社会主义制度而同反社会主义分子进行斗争的自觉性；才能充分发挥人民群众的智慧，参政议政，保证国家大政方针和政策决策的科学性，从而保证党和国家生活的高效有序，巩固和发展社会主义制度。第三，要实现社会主义现代化，必须发扬民主。民主建设是社会主义现代化建设自身发展的需要。社会主义现代化是亿万人民群众的共同事业。只有实行充分的民主，保障人民的民主权利，蕴藏在人民群众中的积极性和创造性才能释放出来，成为推动现代化建设的强大动力。

☞**各抒己见**

人民群众成为国家的主人，第一次使占统治地位的人数成为社会的多数，而且是绝大多数，这与前面所有的国家政权有了根本的区别，这个最根本的区别也是人民民主专政最大的特点，它是什么呢？

☞**参考分析**

在我国，人民是国家的主人，国家的一切权力属于人民。我国人民民主专政的最大特点就在于，它与剥削阶级掌握的国家政权不同，对占全国人口绝大多数的人民实行民主，对极少数敌视和破坏社会主义事业的敌对分子实行专政。因此，人民民主专政的本质是人民当家做主。人民当家做主是社会主义本质的体现。将自己的意见、建议和要求反映给人大代表，形成人大代表的议案，上传到国家权力机关。这是通过人大代表联系群众制度实行民主监督。

我国政治体制改革的目标：发展中国特色社会主义民主政治，即建立民主制度，丰富民主形式，扩大公民有序的政治参与，保证人民依法实行民主选举、民主决策、民主管理和民主监督，享有广泛的权利和自由，尊重和保障人权。

案例分析

1954 年，25 岁的山西省平顺县农村姑娘申纪兰骑着毛驴走出大山，到北京出席第一届全国人民代表大会。她与其他 1 200 多名全国人大代表一起，讨论了新中国的第一部宪法，选举了国家领导人。今天，连续 12 届当选全国人大代表的申纪兰已成为“中国人大见证人”。回想当年，这位 90 多岁的老人心潮澎湃：在旧社会，妇女连自己的主都做不了，又怎么能管理国家的事？

讨论：申纪兰的经历说明了什么？

参考分析：人民是国家的主人，国家的权力属于人民。人民当家做主是社会主义

民主政治的本质要求。社会主义的民主与以往出现的不同类型的民主不同，以往的民主都是剥削阶级的民主，是少数人对多数人的统治。资产阶级的民主尽管比较完善，但是改变不了这一本质属性。只有社会主义才开创了人民当家做主的新纪元。

在我国，人民是国家的主人，国家的一切权力属于人民。人民当家做主体现着国家的性质和方向，是社会主义民主政治建设的出发点和归宿。人民当家做主不仅体现在可以依法实行民主选举、民主决策、民主管理，同时还体现在实行民主监督。

我国的人民民主具有广泛性和真实性。我国人民民主的广泛性主要表现在两个方面：一是表现在民主主体的广泛性。在我国现阶段，包括工人、农民、知识分子、干部、解放军指战员和其他社会主义劳动者、社会主义事业建设者、拥护社会主义的爱国者、拥护祖国统一的爱国者在内的全体人民，都是国家和社会的主人。作为中国公民，他们平等地享有管理国家和社会事务的权利。二是表现在人民享有广泛的民主权利。宪法明确规定我国公民广泛享有政治、经济、文化和社会生活等各方面的民主权利。

真实性表现在：人民当家做主的权利有制度、法律和物质方面的保障，并且随着社会经济的发展进步，人民的各种权益日益得到了充分实现。

案例分析

“我要发言！”“我不同意你的观点！”2007 年 12 月，《江苏省住宅专项维修资金管理办法（草案）》立法听证会在南京举行，从全省多名征集者中遴选产生的 11 位听证代表，围绕着草案的若干焦点，展开了激烈讨论。与此同时，一场更大的争论也刚尘埃落定：不久前，国务院就公众关心的节假日调整方案向社会发放征求意见表，公开征集意见。围绕着这一关系切身利益的问题，社会公众“激情四溢”，纷纷通过媒体讨论、网络留言等渠道发表自己的观点。

讨论：以上材料说明了什么？

参考分析：人民民主专政的本质是人民当家做主。人民当家做主既是社会主义国家制度的根本属性，也是社会主义民主政治的鲜明特征。

二、发展社会主义民主政治

（一）坚持党的领导、人民当家做主和依法治国的有机统一

十六大报告指出：党的领导主要是政治、思想和组织领导，通过制定大政方针，提出立法建议，推荐重要干部，进行思想宣传，发挥党组织和党员的作用，坚持依法执政，实施党对国家和社会的领导。党的领导与依法治国和法治国家建设的进程直接相关，党的领导渗透到依法治国事业的各个环节。比如，党领导人民制定宪法和法律；党领导人民遵守宪法和法律；党领导和支持人民掌握管理国家的权力；保障国家机关依法行政和司法公正；保障人民享有广泛的权利和自由，带头尊重和保障人权等。这就是说，依法治国与党的领导的统一，要求从制度和法律上保证党的基本路线、方针和政策的贯彻实施，依法保障党的领导和党的执政，保证宪法和法律的贯彻实施，保证人民民主的切实实现。

依法治国把坚持党的领导、发扬人民民主和严格依法办事统一起来，从法律和制度上保证了党的基本路线和基本方针的贯彻实施，保证党始终发挥总揽全局、协调各方的领导核心作用。这是我们建设社会主义政治文明最重要的基本原则。

党的领导是人民当家做主和依法治国的根本保证，人民当家做主是社会主义民主政治的本质要求，依法治国是党领导人民治理国家的基本方略。必须全面理解坚持党的领导、人民当家做主和依法治国三者之间的有机统一关系。

第一，坚持党的领导是社会主义法治国家建设的内在要求，是依法治国的根本保证。坚持党的领导、发扬人民民主和严格依法办事之间的内在统一，是中国特色社会主义法治和民主政治的基本特点之一。

第二，依法治国与党的领导是完全一致的。实行依法治国就是党领导人民通过国家权力机关，把党的主张变成国家意志，实现党的主张和国家意志的统一。在新形势下，实行依法治国，不仅不会削弱党的领导地位，而且是巩固和实现党的领导的重要保证。同时，实行法治离不开党的领导。共产党领导和保障人民真正进行立法、执法、守法、普法以及法律监督等法制建设活动。

第三，依法治国与人民当家做主是完全一致的。依法治国就是广大人民群众在党的领导下，依照宪法和法律的规定，保证国家各项工作都依法进行，并逐步实现社会主义民主的制度化、法律化。广大人民群众是依法治国的主体，对人民群众法律权利的切实保护是依法治国的重要目标。

（二）坚定走中国特色社会主义政治发展道路

中国实现社会主义民主政治，是由近代以来中国的社会历史条件和中国发展进步的客观要求决定的。我国的社会主义民主政治制度产生于中国人民为争取民族独立、人民解放、国家富强而进行的伟大斗争和实践探索之中，是中国历史发展的必然结果和中国人民的必然选择。

知识链接

中国政府网自2006年开通以来，各级政府官员相继走进这间演播室，现已进行了200多场专谈。在2009年“两会”召开前夕，“总理，请听我说”“我有问题问总理”成为这个春天里互联网上最热烈的话题、最恳切的心声。这期间，不断有网友问：“什么时候能与总理在线交流就好了。”温家宝总理接受了网友的盛情邀请，在百忙之中来到中国政府网和新华网演播室，与海内外网友在线交流。总理上网，与网情深，好评如潮，开创了网上问政的新风。

第一，中国的民主是中国共产党领导的人民民主。中国共产党的领导从根本上保证了人民当家做主。

第二，中国的民主是最广大人民当家做主的民主。中国的民主不受资本的操纵，不是剥削阶级或少数人的民主，而是以工人、农民和其他劳动群众为主体的人民民主。

第三，中国的民主是以人民民主专政为可靠保障的民主。一方面要求在人民内部实行最广泛的民主；另一方面要求对破坏社会主义制度、危害国家安全和公共安全的敌对分子和各种犯罪行为，依法使用专政手段予以制裁，以维护国家和人民的根本利益，保障公民和法人的合法权益。

第四，中国的民主是与法制相结合的民主。民主是法制的基础，法制是民主的保障。

第五，中国的民主是以民主集中制为根本组织原则和活动方式的民主。民主集中制是我国执政党和国家政权的根本组织制度和领导制度。实行民主集中制，就是要求充分发扬民主，集体议事，使人民的意愿和要求得到充分表达和反映，并在此基础上集中正确意见，集体决策，使人民的意愿和要求得以满足和落实。

案例分析

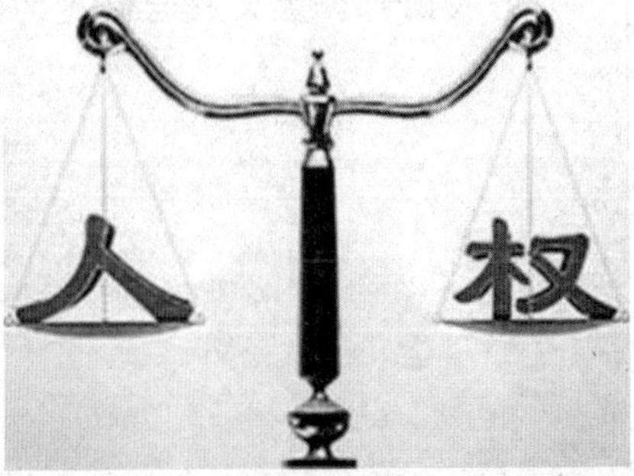

2004 年，“尊重和保障人权”首次写入宪法，成为国家根本大法的一项重要内容。宪法确立了人权原则，进一步丰富了人民民主的内涵，突出了人权的价值和理念，强调保障公民权利的实质就是尊重和保障人权。

讨论：以上材料说明了什么？

参考分析：“人权是具体的、相对的，不是抽象的、绝对的”。通过事实，我们可以看出，尊重和保障人权是具体的、相对的，不是一句空洞的口号。人权包括政治、经济、文化、社会等许多方面，其中最根本的就是生存权和发展权，要保障和发展人权，必须从保障人民的生存权和发展权入手，实现人权的根本途径是促进经济发展和社会进步。

本课小结

通过本课的学习，让学生认识我国的国体：中华人民共和国是以工人阶级领导的、以工农联盟为基础的人民民主专政的社会主义国家，正确分析民主的含义，了解我国社会主义政治制度的特点和优势，提高自己的政治素质。

实践活动

模拟“我有问题问总理”

目标：通过模拟向总理提问，培养学生勤于思考的习惯，提高学生参与社会政治生活的能力。

步骤：教师要求每位学生在认真思考后，向总理提出一个自己最关心的问题，并说明原因。

教师点评：教师对学生提出的问题进行点评。

思维拓展

1. 简述我国的国体。
2. 正确分析民主的含义。
3. 如何发展社会主义民主政治？
4. 我国社会主义政治制度的优势体现在哪里？

第四单元

参与政治生活

第10课

依法行使民主权利

学习目标

1. 理解公民享有的政治权利和自由。
2. 识记政府的含义。
3. 了解我国国家机构的组成。

重点知识

1. 公民享有的政治权利和自由。
2. 我国政府的性质。

运　用

认同公民有序参与政治，依法行使权利。积极参与国家政治生活，自觉维护国家利益。

案例导入

《治安管理处罚法》将违反治安管理的行为由《治安管理处罚条例》中的73种增加到238种，并新增了近些年新出现的、影响群众正常生活和人身健康安全行为的新规定。该法施行以来，许多过去不能处罚的治安行为，如养宠物扰民、连续发“黄段子”骚扰短信、抱腿强行乞讨等行为得以受到法律制裁。另外，非法破坏计算机信息系统，擅自经营需公安机关许可的行业，为吸毒、赌博、卖淫嫖娼人员通风报信，偷窥、偷拍、窃听、散布他人隐私，写恐吓信威胁他人人身安全，以刻画、涂污等方式故意损坏国家保护的文物、名胜古迹等行为，都可按照《治安管理处罚法》进行处罚。

我国公民享有广泛的民主权利，但必须遵纪守法，成为一名合格的公民。

一、公民享有广泛的政治权利和自由

公民的基本权利是指由宪法规定的公民享有的最主要的权利，也叫宪法权利。我国公民的基本权利主要包括以下内容：

（1）平等权。公民在法律面前一律平等是我国公民的一项基本权利，也是社会主义法制的一项基本原则。

（2）政治权利和自由。政治权利和自由是指公民作为国家政治生活主体依法享有的参加国家政治生活的权利和自由，是国家为公民直接参与政治活动提供的基本保障。公民的政治权利和自由主要有：

1）选举权和被选举权；

2）言论、出版、集会、结社、游行示威的自由。

（3）宗教信仰自由。宗教信仰自由是指公民依据内心的信念，自愿地信仰宗教的自由。

（4）人身自由。公民的人身自由是公民最基本的自由，是公民参加各种社会活动和享受其他权利的前提条件。我国公民的人身自由包括：

1）人身自由不受侵犯；

2）公民的人格尊严不受侵犯；

3）公民住宅不受侵犯；

4）公民的通信自由和通信秘密受法律保护。

除因国家安全或者追查刑事犯罪的需要，由公安机关或者检察机关依照法律规定的程序对通信进行检查外，任何组织或者个人不得以任何理由侵犯公民的通信自由和通信秘密。

（5）批评建议权、申诉控告检举权和取得国家赔偿权。宪法规定，我国公民对任何国家机关和工作人员，有提出批评和建议的权利；有向国家机关提出申诉、控告或检举的权利，但不得捏造或歪曲事实进行陷害。因国家机关和国家工作人员侵权而受到损失的公民，有依照法律规定取得赔偿的权利。

知识链接

我国《宪法》第二十七条规定："一切国家机关和国家工作人员必须依靠人民支持，经常保持同人民的密切联系，倾听人民的意见和建议，接受人民的监督，努力为人民服务。"

问题：公民的监督权主要有哪些？

批评建议权；申诉权；控告权；检举权。

问题：公民行使监督权的主要途径有哪些？

通过人民代表监督；通过信访、举报进行监督；通过媒体监督。

（6）社会经济权利。社会经济权利是指公民依照宪法规定享有经济物质利益方面的权利，是公民参与社会经济生活和活动的基础性权利。根据我国宪法的规定，公民社会经济方面的权利包括劳动权、休息权、社会保障和物质帮助四个方面。

（7）文化教育权。我国《宪法》第四十六条规定："中华人民共和国公民有受教育的权利和义务。"接受教育的权利，是指公民在一定条件下，有在各种教育环境中培养和提高自我能力的权利和自由。

（8）其他特定主体的权利。

二、我国的政府

政府是国家权力机关的执行机关，是一个国家中央和地方行政机关的总和。

我国的政府是为人民服务的政府、是接受监督的政府、是法治的政府、是透明的政府。

三、我国的国家机构

（一）全国人民代表大会和全国人民代表大会常务委员会

我国宪法规定，中华人民共和国的一切权力属于人民，人民行使国家权力的机关是全国人民代表大会和地方各级人民代表大会。全国人民代表大会是我国最高的国家权力机关，行使国家立法权和决定国家生活中的一切重大问题。它在整个国家机构体系中居于首位，其他国家机关都由全国人民代表大会产生并对它负责、受它监督。全国人民代表大会的主要职权是：

（1）行使国家立法权，修改宪法，监督宪法实施；

（2）制定和修改其他基本法律；

（3）选举、决定和罢免国家机关组成人员；

（4）决定国家重大事项，包括审查和批准国民经济和社会发展的长期计划、年度国民经济和社会发展计划、国家的预决算等；

（5）行使最高监督权；

（6）应当由最高国家权力机关行使的其他职权。

全国人民代表大会常务委员会是全国人民代表大会的常设机关。它是最高国家权力机关的组成部分，也是行使国家立法权的机关。它对全国人民代表大会负责并且报告工作。全国人民代表大会常务委员会的职权是：

（1）解释宪法和法律，监督宪法的实施以及制定和修改除基本法以外的其他法律；

（2）审查和监督行政法规、地方性法规的合宪性和合法性；

（3）对国家生活中重要问题的决定权；

（4）决定和任免其他国家机关人员；

（5）行使监督权；

（6）全国人民代表大会授予的其他职权。

（二）中华人民共和国主席

国家主席是我国国家机构的重要组成部分。国家主席不是握有一定国家权力的个人，而是一种国家机关。中华人民共和国国家主席对外代表国家。国家主席的职权是：

（1）根据全国人大和人大常委会的决定，公布法律，发布命令；

（2）任免国务院组成人员和驻外全权代表；

（3）外交权；

（4）荣典权。

（三）国务院

国务院就是中央人民政府，是最高国家权力机关的执行机关，也是最高国家行政机关。国务院的职权是：

（1）行政法规的制定权和发布权；

（2）行政措施的规定权；

（3）向全国人民代表大会或者全国人民代表大会常务委员会提出议案；

（4）统一领导和监督各部委及地方行政机关的工作；

（5）对国防、民政、文教、经济等各项工作的领导权和管理权；

（6）对外事务的管理权；

（7）行政人员的任免、奖励权；

（8）全国人民代表大会及其常务委员会授予的其他职权。

（四）中央军事委员会

中央军事委员会作为全国武装力量的领导机关，是中央国家机关体系中的一个独立机构。它从属于全国人民代表大会，对全国人民代表大会负责。

（五）地方各级人民代表大会和地方各级人民政府

地方各级人民代表大会是地方国家权力机关。地方各级人民政府是地方各级人民代表大会的执行机关，是地方各级国家行政机关。

（六）民族自治地方的自治机关

民族自治地方的自治机关是行使自治权的地方国家机关。宪法和民族区域自治法规定，民族自治地方的自治机关是自治区、自治州、自治县所建立的人民代表大会和人民政府。它们是在中央统一领导下的国家一级地方政权机关，又是民族自治机关。民族自治机关的特殊性是：在民族自治地方的人大的组织上，既要体现民族区域自治制度，又要贯彻民族平等和民族团结原则。民族自治地方的人大都是由实行区域自治的民族以及居住在本区域内的其他民族的公民按人口比例产生组成的。民族自治地方的人大常委会应由实行区域自治的民族的公民担任主任或副主任。自治区、自治州、自治县人民政府主席、州长、县长应当由实行区域自治的民族的公民担任。自治地方人民政府的其他组成人员和自治机关所属工作部门的干部，要配备实行区域自治的民族和其他少数民族的人员。民族自治地方的自治机关行使宪法规定的地方国家机关的职权，同时依照宪法、民族区域自治法和其他法律规定的权限行使自治权。

（七）人民法院和人民检察院

人民法院是我国的审判机关。人民检察院是我国的检察机关，是国家的法律监督机关。

四、政府的职能

（一）保障人民民主和维护国家长治久安的职能

政府担负着保卫国家的独立与主权，保护公民的生命安全及各种合法权益，保护国家、企业和个人的合法财产不受侵犯，保障人民民主，协调人民内部矛盾，惩治犯罪分子，维护社会治安和社会秩序等职能。

（二）组织社会主义经济建设的职能

在社会主义市场经济条件下，政府在经济建设中负有特别重要的职能，主要是进行经济调节、市场监管、社会管理和公共服务，以促进社会经济发展，提高生产力水平和人民生活水平。

（三）组织社会主义文化建设的职能

一方面，政府宣传马克思主义科学理论，引导人民抵制封建主义和资本主义腐朽思想的侵蚀，在全体人民中进行“有理想、有道德、有文化、有纪律”的教育，弘扬和培育民族精神，提高全民族的思想道德素质和科学文化素质。另一方面，政府组织和发展教育、科学、文化、卫生、体育等各项事业。

（四）提供社会公共服务的职能

政府在社会主义和谐社会的建设中，提供各种社会公共服务。例如，加强公共基础设施、公共文化设施、公共卫生设施等方面的建设；提高医疗保健水平；促进收入分配的公平，建立健全社会保障体系；控制人口增长，促进优生优育；保护公共环境，防治各种污染等。

重点提示

政府在我们的社会生活中扮演着非常重要的角色。每个人都会遇到困难，每个公民都要学会向政府求助或投诉，这有助于解决自己面临的困难，维护自己的合法权益，也有助于政府不断改进工作。

本课小结

通过本课的学习，我们了解了政府的含义，公民享有的政治权利和自由。人民行使监督权的途径有：通过人民代表监督；通过信访、举报进行监督；通过媒体监督。我国的政府是为人民服务的政府、是接受监督的政府、是法治的政府、是透明的政府。我国的国家机构包括全国人民代表大会和全国人民代表大会常务委员会、中华人民共和国主席、国务院、中央军事委员会、地方各级人民代表大会和地方各级人民政府、民族自治地方的自治机关、人民法院和人民检察院。培养学生观察时政的习惯，为将来融入社会奠定基础。

实践活动

模拟听证会

目标：了解召开听证会的主要目的、方法和过程。

步骤：事先由教师拟定听证会内容，比如就学生宿舍必须在晚上 10 点统一熄灯一事，让学生课前以小组为单位进行准备，分角色扮演不同身份的听证者，课上举行模拟听证会。

思维拓展

1. 公民享有的政治权利和自由有哪些？
2. 我国政府的性质是什么？
3. 简述我国的国家机构。

第11课

履行义务　承担责任

学习目标

1. 识记公民应该履行的义务。
2. 了解公民应该承担的责任。
3. 理解公民履行义务、承担责任的意义。

重点知识

1. 公民应履行的义务和承担的责任。
2. 民族政策。
3. 宗教政策。

运　用

认同履行义务、承担责任对公民而言是义不容辞的。维护祖国统一、民族团结是每一个公民的神圣职责。

案例导入

我国《宪法》第五十五条规定："保卫祖国、抵抗侵略是中华人民共和国每一个公民的神圣职责。依照法律服兵役和参加民兵组织是中华人民共和国公民的光荣义务。"巩固的国防，关系到社会主义现代化建设能否顺利进行，关系到祖国的前途和命运。依法服兵役和参加民兵组织，是每一个公民都应承担的义务。近年来一些媒体报道，个别人因怕苦、怕累而逃避服兵役，这种行为遭到了广大社会公众的一致批评。

讨论：如果祖国需要你，你会去服兵役吗？

一、公民应履行的义务

（一）我国公民的基本义务

公民的基本义务也称宪法义务，是指由宪法规定的公民必须履行的义务。公民的基本义务是国家对公民最重要、最根本的要求。根据我国《宪法》的规定，我国公民的基本义务主要包括以下内容：

（1）维护国家统一和各民族团结。《宪法》第五十二条规定："中华人民共和国公民有维护国家统一和全国各民族团结的义务。"维护国家统一是指维护国家主权独立和领土完整。国家主权是国家最重要的属性，是国家独立自主地处理国内、外交事务，管理自己国家的权力。对于我国的国家主权，任何人都不得以任何方式把它割让，也不允许任何人分裂、破坏或者危害国家政权的统一管辖权。

（2）遵守宪法和法律。遵守宪法和法律的义务是指公民有忠于宪法和法律，维护宪法和法律尊严，保护宪法和法律实施的义务。一切违反宪法和法律的行为都必须予以追究。

（3）维护祖国的安全、荣誉和利益。国家的安全是公民生产生活、安居乐业的必要条件。国家的荣誉就是国家和民族的尊严。国家的利益主要是指国家的整体利益，是全国各族人民共同利益的集中体现。

（4）保卫祖国、依法服兵役。《宪法》第五十五条规定："保卫祖国、抵抗侵略是中华人民共和国每一个公民的神圣职责。依照法律服兵役和参加民兵组织是中华人民共和国公民的光荣义务。"

（5）依法纳税的义务。纳税义务是指纳税人依法向税收部门按一定比例缴纳税款的义务。纳税作为法律义务，具有强制性，国家对拒绝纳税或者偷税、骗税、抗税的行为，会给予法律制裁。

（6）其他义务。我国宪法还规定了公民应履行的四项义务：

1）劳动的义务；

2）受教育的义务；

3）夫妻双方实行计划生育的义务；

4）父母和子女之间抚养和赡养的义务。

（二）遵纪守法

在社会生活中，我们每个人都必须遵纪守法，包括遵守宪法和法律、遵守劳动纪律。

遵纪守法是公民应尽的义务，法律和纪律都是规范和调整人们行为的准则，是人类社会必不可少的行为规范。遵纪守法是每个公民必备的道德品质，是现代社会生活对每个公民的基本要求。一个人只有遵纪守法，才有可能成为道德高尚的人。

在社会生活中，每个社会成员既要遵守国家颁布的有关法律、法规，也要遵守特定公共场所和单位的有关纪律规定。我们应当全面了解公共生活领域中的各项法律法规，熟知校规校纪，牢固树立法制观念，“以遵纪守法为荣，以违法乱纪为耻”，自觉遵守有关的法律和纪律。

我们现在的学习和将来的工作，都是在集体中进行的，每个集体都有自己的规章和纪律要求，集体中的每一个成员都必须严格遵守，否则任何事情都办不成。一个成功的集体同样离不开严格的规章制度。因此，我们应该从现在做起，严格执行学校纪律，为将来走向工作岗位养成良好的习惯。

知识链接

劳动纪律的主要内容：履约纪律；考勤纪律；生产、工作纪律；安全卫生纪律；日常工作、生活纪律；保密纪律；奖惩制度；其他纪律。

努力做到知法明纪。只有知道了应该做什么、不应该做什么，人们才能自觉地控制和调整自己的行为，使之符合法律和纪律的要求。正如一场球赛一样，只有了解了比赛的规则，才能减少比赛的混乱局面，使比赛正常有序地进行。所以，青年学生应该不断学习法律知识，了解学校的各项规章制度。

时刻树立遵纪守法的意识。公民的遵纪守法意识是实现法制的必要条件。只有牢固树立遵纪守法的意识，使法律、纪律这种外在强制性的他律要求变成人们内在的自律要求，才能自觉地遵纪守法。

懂得法律无情、纪律无情的真正含义。自觉地约束自己的行为，在法律和纪律的遵守上不能有无所谓的态度。漠视法纪极易触犯法纪，最终会受到法纪的惩罚。

（三）尊重社会公德

（1）文明礼貌。文明礼貌是社会交往的必然要求，是调整和规范人际关系的行为准则，与我们每个人的日常生活密切相关。它反映着一个人的道德修养，体现着一个民族的整体素质。

（2）助人为乐。助人为乐是社会主义的基本要求。把帮助别人视为自己应做之事，看作自己的快乐，这是每个社会成员应有的社会公德，是有爱心的表现。

（3）爱护公物。对社会共同劳动成果的珍惜和爱护，是每个社会公民应该履行的社会义务，它既显示了个人的道德修养水平，也是整个社会文明程度的重要标志。

（4）保护环境。保护环境主要是指保护自然环境，诸如水环境、大气环境、土壤环境、生态环境、矿产资源、动物资源等，也包括保护文物资源、文化资源、社会管理资源等人文资源。热爱自然、保护环境是当今时代社会公德的重要内容。从根本上说，热爱自然、保护环境是对全人类的生存发展利益的维护，也是对子孙后代应尽的义务。作为一个有责任感的青年学生，要牢固树立环境保护意识，身体力行，从小事做起，从身边做起，从自己做起，带头宣传和践行环保道德要求。

（5）文明上网。我们应当积极倡导网络文明，坚持文明上网，养成科学、文明、健康的上网习惯，在网络生活中加强社会公德自律。要正确使用网络工具，健康进行网络交往，自觉避免沉迷网络，养成网络自律精神。

（四）依法服兵役

《中华人民共和国兵役法》第三条规定："中华人民共和国公民，不分民族、种族、职业、家庭出身、宗教信仰和教育程度，都有义务依照本法的规定服兵役。"

公民履行服兵役义务有服兵役、服预备役、参加民兵组织、高级中学和高等院校的学生实施军事训练四种形式。

二、公民应承担的责任

（一）维护国家统一和民族团结

维护国家统一和民族团结是我国社会安定和谐的前提和保证，其不仅是我国公民的最高法律义务，而且也是我国公民应承担的最大责任。任何人都不得以任何形式破坏国家统一、制造民族矛盾和民族冲突。

我国是统一的多民族国家。国家统一、民族团结是我国顺利进行社会主义现代化建设的根本保证，也是实现公民政治权利和其他权利的重要保证。因此，每个中国公民都应当把自己的命运与国家盛衰、民族兴亡紧密联系在一起，自觉地履行维护国家统一和民族团结的义务。在中华民族漫长的发展过程中，共同缔造统一的多民族国家，中华民族大家庭团结和睦，始终是人心所向，国家民族的整体利益把各民族的兴衰荣辱牢牢地维系在一起。新中国成立后，党和国家在解决民族问题上实行民族区域自治制度，强调尊重不同民族的不同传统、宗教信仰和风俗习惯。

我们要自觉做促进国家统一和民族团结的模范，同一切破坏国家统一和民族团结的思想、行为进行坚决斗争。要努力学习党和政府加强民族团结、实现国家统一的方针、政策及相关法律，努力增长才干，为全面开创各族人民共同团结奋斗、共同繁荣发展的新局面，为实现祖国统一做出自己的贡献。

案例分析

乌鲁木齐“7·5事件”简介

乌鲁木齐“7·5事件”是由“三股势力”在境外煽动境内实施的严重暴力犯罪事件。事件造成197人死亡，其中绝大多数是无辜群众。

乌鲁木齐“7·5事件”是一次严重的打砸抢烧事件。事件发生以后，以热比娅为主的“三股势力”又继续通过网络、电视、电话等多种形式煽动，同时频繁接受境外新闻媒体的采访，鼓动分裂分子到驻各国的中国大使馆闹事，造谣诬蔑。其根本目的是破坏民族团结，破坏社会稳定，想把新疆从祖国的怀抱中分裂出去。所以说，这起事件不是民族问题，也不是宗教问题，而是破坏国家统一、社会稳定和民族团结的问题。

参考分析：对于此类破坏国家统一、社会稳定和民族团结的问题，除了对于打砸抢烧严重犯罪的骨干分子要依法惩处外，对于其他的一些人也应通过教育等方式加以处理。绝大多数新疆人民都是非常善良的，坚决拥护国家政策，维护民族团结、社会稳定，只有极少数像热比娅这样的分裂分子，他们影响不了广大新疆人民。

事实上，在中国，群众之间的摩擦，甚至是一些冲突，我们认为都属于人民内部矛盾，要用和平、友爱的方式来解决。政府有很多渠道可以解决群众的问题，比如人民代表大会制度，老百姓通过民主选举，选举出自己信任的带头人，通过人民代表大会的形式表达自己的愿望、利益和诉求。

（二）尊重宗教信仰自由

宗教是一种特殊的社会意识形态，其影响极为广泛，全世界信仰各种宗教的人数占世界人口的80%以上。

知识链接

世界三大宗教

目前在世界上传播最广、影响最大的主要是佛教、基督教和伊斯兰教，为世界性宗教。佛教起源于公元前 6—前 5 世纪的古印度，创始人是释迦牟尼，其经典是《大藏经》。基督教起源于公元 1 世纪的巴勒斯坦一带，创始人是耶稣，经典是《圣经》。伊斯兰教产生于公元 7 世纪初的阿拉伯半岛，创始人为穆罕默德，经典是《古兰经》。

1. 我国的宗教政策

在宗教问题上，我国实行宗教信仰自由政策，依法管理宗教事务，坚持独立自主自办的原则。

《宪法》第三十六条规定："中华人民共和国公民有宗教信仰自由。"其内涵是：公民有信仰宗教的自由，也有不信仰宗教的自由；有信仰这种宗教的自由，也有信仰那种宗教的自由；在同一宗教里，有信仰这个教派的自由，也有信仰那个教派的自由；有过去不信教而现在信教的自由，也有过去信教而现在不信教的自由。

《宪法》第三十六条还规定："国家保护正常的宗教活动。""任何国家机关、社会团体和个人不得强制公民信仰宗教或者不信仰宗教，不得歧视信仰宗教的公民和不信仰宗教的公民。"

我国依法管理宗教事务。政府依法对涉及国家利益和社会公共利益的宗教事务进行管理，是为了保护宗教界的合法权益和正常的宗教活动，制止和打击利用宗教进行违法犯罪活动，抵御境外势力利用宗教进行渗透。

我国宗教坚持独立自主自办的原则。《宪法》第三十六条规定："宗教团体和宗教事务不受外国势力的支配。"任何境外组织和个人不得干预我国的宗教事务。我国政府支持宗教界在平等友好的基础上开展对外交往，抵御境外势力利用宗教对我国进行渗透，坚决打击宗教极端势力。

知识链接

我国现有宗教团体 5 500 多个，其中全国性宗教团体有 7 个，即中国佛教协会、中国道教协会、中国伊斯兰教协会、中国天主教爱国会、中国天主教主教团、中国基督教三自爱国运动委员会和中国基督教协会。全国现有宗教教职人员约 36 万人，其中约有 17 000 人当选为各级人大代表和政协委员。

2. 弘扬科学精神，反对邪教和迷信

尊重和保护宗教信仰自由，必须把正常的宗教活动和邪教、迷信严格区分开来。正常的宗教活动是在法律允许的范围内进行的，是信教群众表达宗教感情、举行宗教仪式、共度宗教节日的各种活动，而对邪教、迷信则应坚决反对。

知识链接

迷信泛指对人和事物的盲目信仰和崇拜。迷信活动则是利用人们的鬼神观念、宿命观念等，使用占卜、看风水、算命的手段，以欺骗群众、索取钱财为目的的活动。

重点提示

宗教与邪教的区别

（1）从宗教学角度看，宗教有自己的典籍和教义，邪教则是危言耸听的歪理邪说。

（2）从活动方式看，宗教的传教活动是在宗教活动场所内进行的，而邪教则经常进行隐蔽活动，以掩盖不可告人的目的。

（3）从信仰观点看，宗教中的神、人是有区别的，而邪教教主都自称为神。

（4）从道德、法律行为看，宗教力求与社会相适应，不允许教职人员骗财敛财，而邪教则反人类、反社会，大肆掠夺别人的财产据为己有。

（三）执行国家的民族政策

在民族问题上，坚持民族平等、民族团结、各民族共同繁荣是我们党和国家处理民族问题的基本原则。我国宪法明确规定：中华人民共和国各民族一律平等。各民族只有人口多少和发展程度上的区别，绝无高低优劣之分；我国各族人民都对祖国的文明做出了贡献，都是国家的主人，都依法平等地享有政治、经济、文化和社会等方面的权利，依法平等地履行应尽的义务。

知识链接

在历届全国人民代表大会的代表中，少数民族代表所占的比例，都超过了其人口所占的比例。全国人民代表大会规定少数民族代表的名额应占代表总名额的12%左右，且各少数民族都必须有适当名额的代表，人口特少的民族至少有代表1名。第十届、十一届人大都有400余名少数民族代表参加。

本课小结

通过本课的学习，我们掌握了公民应该履行的义务和应承担的责任，了解了国家的宗教政策和民族政策。

思维拓展

1. 公民应履行的义务和承担的责任有哪些？
2. 简述我国的宗教政策。
3. 简述我国的民族政策。

第12课

关注国际社会　维护国家利益

学习目标

1. 识记主权国家及联合国的宗旨、原则和作用。
2. 了解我国的外交政策。
3. 理解中国在国际事务中的作用。

重点知识

1. 我国在国际事务中的作用。
2. 为什么说和平与发展是当今时代的主题。
3. 我国在国际事务中是如何坚持外交政策的。

运　用

了解我国在国际事务中的作用，积极关心国家和世界大事，有序参与政治生活，自觉维护国家利益，为维护世界和平与发展做出自己的贡献。

案例导入

中国维和部队在海地、非洲都执行过维和任务，冒着生命危险帮助这些国家修筑道路、建桥梁、运送各类物资诊治病人等。当地条件极其恶劣，他们克服种种困难，圆满完成任务。另外，维和部队向驻地学校捐钱捐物、为战争孤儿买衣送物。

讨论：我国为什么要克服重重困难，积极参与维和行动？

一、中国在国际事务中的作用

（一）积极参与国际事务

1. 主权国家

国际关系的变化主要是由各国的国家利益、国家力量决定的。国家间的共同利益是国家间合作的基础，国家间利益相悖是国家间摩擦或冲突的根源。国际社会就是一个大家庭，这个家庭由许多成员组成，有众多国家和国际组织，主权国家是其中最基本的成员，是国际关系的主要参加者。

知识链接

截至 2016 年，世界上共有 190 多个主权国家，主权国家是国际社会最基本的实体单位，是国际社会最主要的参与者。

知识链接

主权国家必须具备四个要素

（1）固定的领土。

（2）定居的居民。

（3）统一政权。

（4）国家主权。

主权国家的基本权利：独立权、平等权、自卫权、管辖权。

独立权：是指国家拥有按照自己的意志处理内政外交事务而不受他国控制和干涉的权利。

平等权：是指国家不论大小、强弱、政治、经济、意识形态和社会制度有何差异，在国际法上的地位一律平等的权利。

自卫权：是指国家保卫自己生存和独立的权利。

管辖权：是指国家对其领域内的一切人和物具有管辖的权利。

国际组织名目繁多、规模不一，如我们熟悉的联合国、欧洲联盟、国际奥林匹克委员会、国际学生联合会、东南亚国家联盟、非洲联盟等。依据不同的标准，国际组织可分为不同类型，有政府间的和非政府间的，有世界性的和区域性的。

各个国际组织宗旨不同，职能各异，性质和作用也不相同。有的国际组织受某些大国控制。许多政府间的国际组织在国际社会中发挥着重要作用，如促进国家之间的政治、经济、文化、科学技术的交流与合作；协调国际政治、经济关系；调节国际争端，缓解国家间的矛盾，维护世界和平；等等。

2. 联合国的宗旨

联合国是当代国际社会中最具代表性的世界性、政府间的国际组织。1945 年 4 月，中国、苏联、美国、英国、法国等 50 个国家在美国旧金山举行联合国制宪会议，6 月 25 日通过了《联合国宪章》。在多数签字国递交了批准书后，《联合国宪章》于 1945 年 10 月 24 日生效，联合国宣告成立，后来把 10 月 24 日定为“联合国日”。联合国设立联合国大会、安全理事会、经济及社会理事会、托管理事会、国际法院、秘书处等主要机构。

重点提示

联合国的宗旨

维护国际和平与安全；发展国家间尊重人民平等权利及自决原则的友好关系；促进国际合作，以解决属于经济、社会、文化及人类福利性质的国际问题；作为协调各国活动的中心。

3. 中国与联合国

中国是联合国的创始国之一，也是安理会常任理事国之一。新中国成立后的 20 多年，中国在联合国的合法席位长期被台湾当局窃据。在中国政府和世界许多主持正义的国家的努力下，联合国大会于 1971 年 10 月 25 日恢复了中国在联合国的合法席位，新中国以崭新的姿态出现在联合国的舞台上。

中国作为联合国的创始国和安理会常任理事国之一，一贯遵循《联合国宪章》的宗旨和原则，支持联合国的工作，在环境保护、保障人权和解决地区冲突等一系列全球性问题上发挥着重要作用，对世界和平与发展做出了重要贡献。

☞**各抒己见**

中国参加了哪些联合国活动？

☞**参考分析**

中国为联合国教科文组织做贡献；中国参加联合国维持和平部队等。

4. 中国与周边国家和地区

中国不仅参与联合国的各种活动，还积极推进同周边国家和地区的交流与合作，已成为周边国家的好邻居、好伙伴。例如：亚太经和组织、上海合作组织、中国—东盟（10+1）合作、东盟与中日韩（10+3）合作等形式。

知识链接

亚太经济合作组织（Asia-Pacific Economic Cooperation，APEC）简称“亚太经合组织”，成立之初是一个区域性经济论坛和磋商机构，经过二十多年的发展，已逐渐演变为亚太地区重要的经济合作论坛，也是亚太地区最高级别的政府间经济合作机制。它在推动区域贸易投资自由化，加强成员间经济技术合作等方面发挥了不可替代的作用。

上海合作组织（Shanghai Cooperation Organization，SCO）的前身是由中国、俄罗斯、哈萨克斯坦、吉尔吉斯斯坦和塔吉克斯坦组成的“上海五国”会晤机制。2001 年 6 月 14 日，“上海五国”元首在上海举行第六次会晤，乌兹别克斯坦以完全平等的身份加入“上海五国”。15 日，6 国元首举行了首次会晤，并签署了《上海合作组织成立宣言》，宣告上海合作组织正式成立。上海合作组织成员国总面积近 3 018.9 万平方千米，约占欧亚大陆面积的五分之三；人口约 15 亿，约占世界人口的四分之一；工作语言为汉语和俄语。

中国还致力于同广大发展中国家深化传统友谊，扩大务实合作，已成为发展中国家值得信赖的合作伙伴。中国是世界上最大的发展中国家，加强同发展中国家的团结与合作是我国对外政策的基本立足点。中非合作论坛、中阿合作论坛等，成为新时期中国加强与发展中国家集体对话与合作的成功尝试。

中国积极参与多边事务，承担相应的国际义务，已成为国际体系的积极参与者和贡献者。

（二）坚定维护国家利益

国家之间、国际组织之间以及国家与国际组织之间的关系，就是我们通常所说的国际关系。其中，最主要的是国家与国家之间的关系。

国家利益是国家生存和发展的权益，维护国家利益是主权国家对外活动的出发点和落脚点。国家利益是国际关系的决定性因素。国家间的共同利益是国家合作的基础，而利益对立则是引起国家冲突的根源。

二、谱写和平发展新篇章

（一）我国外交政策的基本内容

和平与发展是当今时代的主题。战争不会解决任何问题，只会给国家和人民带来巨大的灾难。据联合国统计，20世纪两次世界大战中，共有 6 100 万人死于战争，经济损失达 42 700 多亿美元。第二次世界大战以后，全世界发生的军事冲突，共造成了 2 100 多万人死亡。发展问题是指世界经济的发展，特别是发展中国家经济的发展问题。当今世界贫富差距很大，尤其是发展中国家和发达国家之间。

和平与发展相互联系、互为条件，发展需要和平，和平离不开发展。维护和平是发展的前提，没有和平就不可能有发展。同时，发展经济又是维护和平的坚实基础。经济的发展和繁荣，有利于和平力量的壮大，贫穷和落后是国际形势不安定的重要因素。

一个国家要处理和发展对外关系，必须制定自己的外交政策。我国始终不渝地奉行独立自主的和平外交政策，这一政策既是独立自主的，又是以和平为宗旨的。

我国独立自主外交政策的基本内容：

第一，维护世界和平，促进共同发展，是我国外交政策的宗旨。

第二，独立自主是我国外交政策的根本原则。

第三，和平共处五项原则是我国对外关系的基本准则。

第四，加强同第三世界国家的团结合作，是我国对外关系的基本点。

第五，坚持对外开放，加强国际交往，是我国的基本国策。

☞**各抒己见**

我国的外交政策是什么？我国外交政策的基本准则是什么？

☞**参考分析**

我国的国家性质和国家利益决定了我国奉行独立自主的和平外交政策。新中国成立以来，我国政府从维护本国利益和世界和平出发，一贯奉行独立自主的和平外交政策，有力地推动了本国发展和人类进步事业。

（二）维护世界和平，促进共同发展

在和平与发展的时代主题之下，要和平、求稳定、促合作、谋发展成为不可阻挡的历史潮流。解决和平与发展问题的有效途径是建立以世界各国共同利益为基础，并有利于和平与发展的国际新秩序。

作为发展中国家的一员，中国必将在多极化进程中发挥越来越重要的作用，为推动建立一个公正合理的国际政治经济新秩序，为维护世界和平与稳定，做出更多更大的贡献。

中国一向是反对霸权主义、维护世界和平和地区稳定的坚定力量，一贯反对霸权主义和强权政治。中国作为安理会常任理事国，在处理国际事务和开展多边外交中，严格遵守《联合国宪章》和公认的国际关系准则，始终坚持实事求是和伸张正义的原则；对于严重影响和平与安全的重大国际事件，始终采取既对国际和平安全负责，也对历史负责的认真、慎重的态度。中国为世界和平与稳定做出了重要贡献。

知识链接

中国是加强国际合作，推动世界经济发展和环境保护的重要力量。中国广泛参加各种国际组织，积极开展多边经济领域的活动，努力增进各国在各个领域的合作。

中国在维护第三世界国家权利方面起着独特的、不可替代的作用。中国的未来必将更加开放、更加繁荣，中国必将为建立一个和谐的世界做出更大贡献。

本课小结

通过本课的学习，我们应该知道主权国家是国际社会中最基本的实体单位，是国际社会最主要的参加者；联合国已成为当代国际社会中最具有代表性的世界性、政府间的国际组织，其宗旨是：维护国际和平与安全；发展国家间尊重人民平等权利及自决原则的友好关系；促进国际合作，以解决属于经济、社会、文化及人类福利性质的国际问题；作为协调各国活动的中心。我国在处理和发展对外关系时坚持独立自主的和平外交政策。

实践活动

社会公德小剧场

目标：了解我国当前的社会公德状况，对本校学生的社会公德状况进行调查。

步骤：课前教师指导学生拟定调查提纲，学生以小组为单位上网查阅资料和实地考察，课上由学生汇报调查结论。学生可以根据自己的调查编写剧本，课上分组表演。

画联合国会徽

主题：理解联合国会徽的含义。

目标：会画联合国会徽，掌握联合国会徽的含义。

步骤：课前教师指导学生上网查找联合国会徽图案，了解其含义，课上画出联合国会徽图案并上讲台说一说图案中的世界地图和橄榄枝的象征意义，最后举一个实例说明联合国是如何实现其宗旨的。

思维拓展

1. 简述中国在国际事务中的作用。
2. 为什么说和平与发展是当今时代的主题？
3. 我国在国际事务中是如何坚持外交政策的？

第五单元

共建社会主义和谐社会

第13课

关注改善民生

学习目标

1. 了解教育的重要性和国家优先发展教育的举措。
2. 了解我国建立基本医疗卫生制度的重要举措。
3. 了解大力发展职业教育的重要意义。
4. 了解建立基本医疗卫生制度对构建社会主义和谐社会的意义。
5. 了解加快建立社会保障体系的意义。

重点知识

1. 教育对于国家与个人的重要性。
2. 医疗卫生制度的重要性。
3. 社会保障体系的主要内容。

运　用

了解以改善民生为重点的社会建设的有关要求，理解大力发展职业教育的重要意义。掌握我国建立基本医疗卫生制度的重要举措，认识我国社会保障体系的主要内容。

案例导入

“大眼睛”苏明娟

“希望工程”代言人苏明娟那双明亮而又渴望学习的大眼睛，牵动了很多人的心。如今，苏明娟已经大学毕业参加工作了，能够独立生活。

讨论：在党的惠民措施的帮助下，许许多多的人像苏明娟一样，“学有所教、病有所医、老有所养”。你身边有这样的例子吗？

一、办人民满意的教育

（一）教育是民族振兴和社会进步的基石

教育有广义和狭义之分，广义的教育泛指一切传播和学习人类文明成果，增进人类知识、技能和社会生活经验，影响人们的思想和行为，以促进人的发展与社会进步为目的的培养人的社会实践活动。

狭义的教育主要是指学校教育，即制度化教育，是教育者根据一定社会的要求，有计划、有组织、有目的地对受教育者的身心施加影响，把他们培养成为一定社会所需要的人的活动。

我国现行的教育体系主要由普通教育、职业教育和成人教育三部分构成。普通教育由学前教育、初等教育、中等教育和高等教育组成。职业教育是指根据人与社会发展的需要，通过传授职业或生产劳动所需要的专业知识、技能和职业道德，使受教育者个体的综合职业素质获得和谐发展，成为应用型人才的教育活动。成人教育是指通过业余、脱产或半脱产的形式对成年人进行的学历教育。

教育的作用主要有以下几个：

（1）教育为现代化建设提供“智力支持”。

教育是社会各项事业存续和发展的前提条件，通过教育向人们传授科学文化及生产知识，培养具有各种技能的专门人才和技术劳动者，从而为国家的现代化建设提供强有力的“智力支持”。

（2）教育是提高综合国力的关键。

教育落后是国家贫困之源，教育发展是国家发达之本，教育日益成为引领社会前进的力量。可以说，未来世界，谁掌握了教育的制高点，谁就掌握了发展的主动权。

综观世界可以看出，当今国际竞争突出地体现为综合国力的竞争。对一个国家来说，综合国力越来越集中地体现为所拥有的高新技术和创新人才的数量与质量。

（3）教育促进人与社会的全面发展。

教育的目的是培养人。培养什么样的人，直接影响到未来建设什么样的社会。应通过科学技术、生产技能、世界观、人生观和价值观等知识的教育，使一个国家的公民不仅具备智慧素质，而且具备良好的道德品质和心理素质，得到全面发展，成为国家与社会合格的建设者和接班人。

（二）大力发展职业教育

职业教育也被称为就业教育，通过培养各类有基本文化知识、专业技术能力和合格的思想政治素质的人才，以满足劳动力市场的需要。

职业教育是面向广大民众的教育，根据各地区经济建设和社会发展的实际需要，通过发展职业教育培养生产、服务、管理第一线需要的实用人才，既可以把我国巨大的人口压力转化为人力资源优势，也可以提高国民素质。

知识链接

我国现行的职业教育体系

一是职业学校教育。职业学校教育是学历性的职业教育，分为中等职业学校教育和高等职业学校教育两级。中等职业学校教育是指在完成初中教育的基础上实行的职业学校教育，主要形式包括职业高中、技工学校、中等专业学校等。高等职业学校教育是指在完成高中教育基础上实行的职业学校教育。

二是职业培训。职业培训是按照职业或劳动岗位对劳动者的要求，以开发和提高劳动者的职业技能为目的的教育和训练活动，属于非学历性的短期职业教育。职业培训的形式多种多样，包括从业前培训、转业培训、学徒培训、在岗培训、转岗培训及其他职业性的培训等。

大力发展职业教育是实现社会公平与均衡发展的需要，大力发展职业教育是建立创业型、创新型社会的需要，广大职业院校毕业生在事业上的成功告诉我们：未来社会无论怎样发展，社会都是需人才的。

知识链接

职业教育是当前各国教育事业的重要组成部分，欧美等发达国家都非常注重发展职业教育。英国的职业教育机构是独立经营的实体，职业教育分类繁多。德国实行校企合作的“双元制”职业教育形式，16 岁至 19 岁的青少年有超过 70%的人接受职业教育。美国的高中教育中，职业课程教育占 89%左右。澳大利亚有 80%的高中毕业生接受职业教育。这些国家的成功做法告诉我们：未来经济无论怎样发达，社会所需的人才，多数是高素质的中等或高等职业技术人才。

案例分析

汪洋，北京科技大学本科毕业。3 年后，汪洋决定“自我召回”，插班到中专学校“回炉”，学习操作机床。王鹏，某职业学校毕业，和一批本科毕业生一起被分派到某企业空调维修车间工作。王鹏具有很强的动手能力，一段时间后，被领导任命为质量监督员。

讨论：大学生为什么要“回炉”?

参考分析：(1) 职业教育以就业为导向，带有比较明显的行业性、技术技能性、市场导向性等特征，更加适应劳动力市场的需求。(2) 国家需要大量高素质劳动者和技术、技能型人才，中职学生将大有可为。

二、撑起护卫人民健康的保护伞

(一) 建立基本医疗卫生制度

基本医疗卫生制度是指由政府统一组织，向居民公平提供公共卫生和基本医疗服务的健康保障制度。我国目前的基本医疗卫生制度由公共卫生服务体系、医疗服务体系、医疗保障体系、药品供应保障体系四大体系组成。

党的十七大报告提出要使“人人享有基本医疗卫生服务”。“人人享有”的本质含

义是“公平享有”，即任何公民，无论年龄、性别、职业、地域、支付能力等，都享有同等权利。“基本医疗卫生服务”指的是与我国社会主义初级阶段经济社会发展水平相适应的，国家、社会、个人能够负担得起的，投入低、效果好的医疗卫生服务。它既包括疾病预防控制、计划免疫、健康教育、卫生监督、妇幼保健、精神卫生、卫生应急、急救、采供血服务以及食品安全、职业病防治和安全饮用水等公共卫生服务，也包括采用基本药物、使用适宜技术、按照规范诊疗程序提供的急慢性疾病的诊断、治疗和康复等医疗服务。

新型农村合作医疗制度是由政府组织、引导、支持，农民自愿参加，个人、集体和政府多方筹资，以大病统筹为主的农民医疗互助共济制度。其主要做法是以大病统筹为主，适当兼顾小病，农民个人筹资一小部分，国家和地方政府补贴一大部分。

案例分析

农民徐大爷患脑出血住院用去 1.2 万元，拿到了 1.075 万元的报销款。只有小学文化水平的他写下平生第一篇散文，歌颂党的新政策。

讨论：徐大爷为什么这么高兴？

知识链接

从 2002 年 10 月开始，我国政府为解决农民的基本医疗卫生问题进行大规模的资金投入，农村合作医疗在保障农民获得基本卫生服务、缓解农民因病致贫和因病返贫方面发挥了重要的作用。世界银行和世界卫生组织把我国农村的合作医疗称为“发展中国家解决卫生经费的唯一典范”。农村合作医疗深得人心，人民群众把它称为“民心工程”和“德政”。

（二）建立基本医疗卫生制度的意义

建立和完善基本医疗卫生制度，保障人民群众的健康权益，是实现人的全面发展的具体体现。建立基本医疗卫生制度，不断提高全民族健康水平，既是推动经济社会协调发展的源泉，又是经济社会发展的目的，是物质文明和精神文明的双重体现；在推进现代化进程中高度重视人们的健康问题，积极发展医疗卫生事业，也是实现社会公平正义、构建和谐社会的必然要求。

三、建立健全社会保障体系

（一）社会保障体系的主要内容

社会保障体系是国家或政府根据法律规定，通过国民收入再分配，对公民在暂时或永久失去劳动能力，以及由于各种原因生活发生困难时给予物质帮助，保障其基本生活的一种社会安全体系。

社会保障体系的内容主要包括以下几个方面。

1. 社会保险

社会保险是指国家通过立法，多渠道筹集资金，对劳动者在因年老、失业、患病、工伤、生育而减少劳动收入时给予经济补偿，使他们能够享有基本生活保障的一项社会保障制度。主要包括养老保险、失业保险、医疗保险、工伤保险和生育保险五项内容。

养老保险或称养老保险制度，是指国家和社会根据一定的法律和法规，为保障劳动者在达到国家规定的解除劳动义务的劳动年龄界限，或因年老丧失劳动能力退出劳动岗位后的基本生活而建立的一种社会保障制度。

失业保险是指国家通过立法强制实行的，由社会集中建立基金，对因失业而暂时中断生活来源的劳动者提供物质帮助的一种社会保障制度。

工伤保险是指国家和社会为在生产、工作中遭受事故伤害和患职业性疾病的劳动者提供医疗救治、生活保障、经济补偿、医疗和职业康复等物质帮助的一种社会保障制度。

医疗保险是指当劳动者患病或受到伤害后，由国家或社会提供医疗服务或给予经济补偿的一种社会保障制度。

生育保险是指通过国家立法规定，在劳动者因生育子女而导致劳动力暂时中断时，由国家和社会及时给予物质帮助的一种社会保障制度。

案例分析

张冲应聘到某公司工作，公司提出如果职工要求办理社会保险，每月就从工资中扣除400元。张冲认为还是多拿些工资好，至于办不办社会保险不要紧，于是双方签订了劳动合同，合同约定公司对社会保险概不负责。

讨论：张冲的想法有道理吗？

2. 社会救济

社会救济是指国家和社会对因各种原因无法维持最低生活水平的公民给予无偿救助，以维持其最低生活水平的一项社会保障制度。救助对象有三类：一是没有劳动能力又没有生活来源的人，主要包括孤儿、残疾人以及没有参加社会保险且无子女的老人；二是有收入来源，但生活水平低于法定最低标准的人；三是有劳动能力、有收入来源，但由于意外的自然灾害或社会灾害，而使生活一时无法维持的人。

3. 社会福利

社会福利的概念有广义和狭义之分。

广义的社会福利是指政府为全体社会成员创建有助于提高生活质量的物质和文化环境而提供的各种福利服务。如公共卫生、公共娱乐、市政建设、家庭补充津贴、教育津贴、住宅津贴等。狭义的社会福利是指政府和社会向老人、儿童、残疾人等特殊群体提供必要的社会援助，以提高他们的生活水准和自立能力。

4. 社会优抚

社会优抚是指政府和社会对军人等从事特殊工作者及其家属给予的优待、抚恤和妥善安置。主要包括提供抚恤金、补助金；举办荣誉军人疗养院、光荣院；安置复员退伍军人；为军队离退休干部提供服务；等等。

5. 社会互助

社会互助是指在政府的鼓励和支持下，社会团体和社会成员自愿组织和参与的扶弱济困活动。社会互助具有自愿和非营利的特征。

（二）加快建立健全社会保障体系的意义

1. 有利于劳动力自身的生产和再生产

社会保障体系降低了人们社会生活的风险，保障了社会弱势群体的基本生活需要，保证劳动者自身的生产不会因为生活陷入困境而中断；同时，通过对家庭的救助，有利于下一代的顺利成长。

2. 对国民经济的发展具有调节作用

社会保障能够刺激社会总需求，保证劳动力市场供需平衡，同时还能为国民经济的发展提供资金，如一些基金类的社会保障基金可以用于社会的生产建设。

3. 是进行社会资源再分配的一种手段

社会保障体系通过调整社会成员的收入差距保证全体成员的基本生活，有利于社会的稳定，有利于实现共同富裕，体现了社会主义的优越性。

重点提示

每一个劳动者，在其一生中总会遇到生、老、病、死、伤、失业等风险，除了依靠个人和家庭的力量外，还必须依靠社会保障制度。社会保障制度不是只和生活困难的社会成员有联系，而是关系到千家万户，涉及每个劳动者，和所有社会成员的切身利益都息息相关。

本课小结

本课主要学习了办人民满意的教育的重要性，国家优先发展教育的举措，我国建立基本医疗卫生制度的重要举措，以及我国社会保障体系的主要内容；理解大力发展职业教育的重要意义，建立基本医疗卫生制度对构建社会主义和谐社会的意义，以及加快建立社会保障体系的意义。

思维拓展

1. 国家为什么要优先发展教育？
2. 简述大力发展职业教育的重要意义。
3. 如何构建社会主义和谐社会？

第14课

建设社会主义文化

学习目标

1. 了解不同性质文化的不同作用及社会主义核心价值体系的基本内容。

2. 理解建设和谐文化、培育文明风尚的意义及建设社会主义核心价值体系的意义。

3. 以实际行动化解、消除不利于社会和谐的因素。

重点知识

1. 文化的特点。

2. 如何建设社会主义文化。

3. 社会主义核心价值体系的基本内容。

4. 建设社会主义核心价值体系的意义。

运　用

能够辨析身边的文化现象，认识不同性质文化的不同作用，树立对待各种文化的正确态度，努力建设和谐文化，培育文明风尚，倡导社会主义核心价值观。

案例导入

2004年11月21日，全球第一所“孔子学院”在韩国首都首尔挂牌。截至2007年

9月，全球已启动孔子学院（包括孔子学校、孔子课堂）175所，分布在156个国家和地区。国内61所高校和机构参与孔子学院的合作办学，主要提供到国外教授中文的教师和招募志愿者。

2006年，美国外语教学委员会官员称，在美国的公立学校和私立学校中，大约有50 000名7年级至12年级的学生正在学习汉语，而在2000年，学习汉语的人数仅有5 000人。

讨论：为什么会出现“中国文化热”现象？

一、文化与社会主义文化

（一）文化的概念、性质和作用

1. 文化的概念

文化是中国特色社会主义建设的有机组成部分，包括物质文化、制度文化和思想观念文化等。关于文化的概念，有不同的界定，常见的有以下四类：

第一，文化是指人类在改造自然和改造社会的过程中所创造的物质财富和精神财富的总和，是和自然相对应的、通过人的活动产生的非自然的进步状态，如人工林、锦绣中华园等。（广义的概念）

第二，文化是指与经济、政治等社会生活并列的、与物质活动成果相对应的思想、道德、文学艺术、科学教育等精神内容的总和，也被称为“精神文化”，表现为符号、规范、观念等形态。（狭义的概念）

第三，文化是指精神生活中的科学、教育、文学艺术、新闻和出版等。

第四，文化是指文化知识水平，如“四有”公民中的“有文化”。

知识链接

有的专家认为：“一个国家存在着两种实力，一种是硬实力，另一种是软实力。硬实力通常是指国家的GDP、硬件设施等，而文化、制度、传媒等被称为软实力。”美国著名经济管理学家彼得·德鲁克指出：“今天真正占主导地位的资源以及绝对具有决定意义的生产要素，既不是资本，也不是土地和劳动，而是文化。”

2. 文化的性质

（1）创造性。

创造性是文化的本质特征，凡是被称为文化的事物，都是由人的创造活动产生的。例如，我们使用的语言文字、头脑里的各种观念、各种生产产品、各种文学艺术等，都是人对自然进行加工改造的结果，是一种创造。

（2）承继性。

自然界的事物有一个自然发生、发展、新陈代谢的过程，其自身积累没有历史的延续性。而文化则是传承的结果，一种文化一经产生，经过人的实践活动，在人群间流传，被他人接受、模仿，这种传播能够跨越地域和时空，使文化由个别现象逐渐发展成为一种群体性现象或普遍性现象。比如流行歌曲、时尚服饰、儒家思想、奥林匹克精神等。

（3）地域性与民族性。

人类共同的实践活动使文化带有共同性，比如北京奥运会主题口号“同一个世界，同一个梦想”（One World One Dream）一诞生，就受到了国内外人士的一致好评，因为它代表着全世界人民对未来和平繁荣理想的期盼。但由于人们生活的环境不同，由此也产生了民族、地域和国家之间文化的差异性。

知识链接

北京奥运会会徽中“舞动的北京”表达的是中国人民的盛情邀请，张开的双臂是中国在敞开胸怀，欢迎世界各国、各地区的人们加入奥林匹克这个“和平、友谊、进步”的盛典。开幕式上的“有朋自远方来，不亦乐乎”，是友善而又好客的中国人的心情写照，也是北京的真诚表达。

（4）价值性。

文化作为人类社会生活过程中创造的、一个群体或社会全体成员共同享有的成果，具有能够满足人们的需要的价值。

3. 文化的作用

（1）文化可以促进人的社会化，提供思维和行为模式。

人类拥有的一切文化知识都是后天学习所得，每个人的成长过程，就是不断接受文化，完成由自然人到社会人转变的社会化过程。社会化是人类特有的行为现象，是每个人适应社会生活的基础。印度狼孩卡玛拉姐妹的悲剧就是没有经过社会化的结果。

（2）文化为社会发展提供智力支持，丰富人的精神世界。

当一种新的文化产生后，一经传播就会引起社会的巨大变化。如爱因斯坦相对论的传播，打破了人类以前的绝对时空观；互联网的发展，更是为世人打开了一个缤纷的虚拟世界。文化还可以塑造人生、影响人的思想，文化渗透于社会生活的各个方面。

（3）文化在国家经济建设中起先导作用。

文化以无形的力量影响着人们的思想和行为，文化不仅能支配和改变一个人的命运，对于一个地区和国家也是如此。有了文化穷不久，没有文化富不长。一个国家、一个民族，要又好又快地发展，要提高国民素质，要增强经济实力，都离不开文化的作用，文化已成为一个国家经济建设的强大动力支持。

（4）文化是民族凝聚力和创造力的重要源泉。

一个民族的文化便是一个民族的血脉和灵魂，是国家发展、民族振兴的重要支撑。文化传承着一个民族共同的思维方式和行为模式传统，文化影响着全民族的认同感及全社会共同理想的确立和形成。所以，文化是民族的历史记忆和精神家园，是民族凝聚力的重要源泉。同时，文化的进步，又是民族创造力的重要源泉和提升的标志。

（5）文化是综合国力竞争的重要因素。

文化的影响力渗透在经济实力、科技实力、国防实力等“硬实力”之中，文化实力的大小，影响着综合国力中物质实力的形成与发展，总体上反映了综合国力的强弱。同时，文化也是经济繁荣和社会进步的重要推动力量。

案例分析

2008年5月12日，我国四川汶川发生了里氏震级8.0级的大地震。灾难发生之后，受灾群众和救灾人员所显示出的坚强、无私、善良与执着，不仅感动着每一个中国人，也感动了全世界。

参考分析：多难兴邦献大爱，一代忠良报国恩。

（二）社会主义文化的建设

社会主义社会不仅要实现经济繁荣，而且要实现社会的全面进步。只有经济、政治、文化协调发展，物质文明、政治文明和精神文明都有高度的发展，才是合格的社会主义，才是中国特色的社会主义。

社会主义文化在社会主义社会中具有十分重要的战略地位。社会主义社会是全面发展、全面进步的社会。人类社会发展的历史证明，一个民族，物质上不能贫困，精神上也不能贫困，只有物质和精神都富有，才能成为一个有强大生命力和凝聚力的民族。精神文明建设搞好了，人心凝聚，精神振奋，经济建设和其他各项事业就会全面兴盛。精神文明建设搞不好，人心涣散，精神颓废，经济建设与其他各项事业也难以搞好。社会主义精神文明，是我们进行改革开放和现代化建设的重要目标，也是搞好改革开放和现代化建设的重要保证。建设社会主义精神文明，关系到党和国家的前途命运，关系到中华民族自尊、自信、自强地屹立于世界民族之林，全党必须从这样的高度来认识精神文明建设的重大意义。

☞各抒己见

为什么要评选道德模范？

☞参考分析

道德力量是国家发展、社会和谐、人民幸福的重要因素。加强社会主义道德建设，倡导爱国、敬业、诚信、友善等道德规范，形成男女平等、尊老爱幼、扶贫济困、礼让宽容的人际关系，培育文明道德风尚，是社会主义精神文明建设的重要任务。

第一，社会主义文化是社会主义社会的重要特征。中国特色社会主义要求经济、政治、文化协调发展。任何社会形态都是生产力与生产关系、经济基础与上层建筑的统一，都是一定的经济、政治和文化三者的统一体。经济是基础，是最终起决定作用的因素；政治是经济的集中表现和保证；文化则是一定经济和政治的反映，并给予经济和政治以巨大的影响。

第二，社会主义文化是社会主义制度优越性的重要体现。中国特色社会主义文化是综合国力的重要标志和组成部分。在社会主义社会，生产的目的是最大限度地满足人民的物质、文化需要，这是社会主义优越性的重要表现。正由于社会主义制度的这一特点，全体人民才有共同的理想，才有共同的道德标准，需要提高全民族的思想道德素质。尤其是在全面建设小康社会、实现社会主义现代化的新阶段，世界上各种思想文化相互激荡，科学技术迅猛发展，综合国力的竞争主要表现为经济竞争、技术竞争、智力竞争、人才竞争，这些都直接与科学文化教育有关，与全民族的科学文化素质有关。因此，社会主义文化建设，不仅是满足和提高小康社会人民群众精神文化生活水平的客观要求，而且是一个国家综合国力的重要组成部分。

第三，社会主义文化是社会主义现代化建设的重要目标。我国社会主义现代化建设的总体布局是以经济建设为中心，坚定不移地进行文化建设，社会主义现代化建设是经济建设、政治建设和文化建设的有机统一。社会主义文化建设促进人的全面发展，不仅直接关系到社会的协调、和谐与稳定，而且关系到能否为现代化建设提供持久的精神动力和智力支持，关系到经济、政治发展能否获得持续的后劲和扩张力。社会主义现代化建设是全面的、协调的现代化建设，社会主义文化、社会主义精神文明建设是社会主义现代化建设的重要目标。

（三）建设和谐文化

和谐文化就是以社会主义意识形态为核心，以社会主义核心价值体系为根本，以崇尚和谐、追求和谐为价值取向的思想文化。和谐文化是人与人和谐共处、人与社会和谐共进、人与自然和谐共生的文化。

要建设和谐文化，需要做到以下几点。

1. 要以社会主义先进文化为方向

我们应分清良莠，以社会主义先进文化为理论导向，以形成全社会的共同理想信念为目的，开展共同理想、信念教育，引导人们树立健康的世界观、人生观和价值观；努力践行社会主义荣辱观，弘扬社会正气，自觉抵御不健康的思想文化渗透，不断提高全民族的思想道德素质和科学文化素质，增强中华民族的凝聚力。

2. 要以彰显人文关怀为理念

即坚持以人为本，关注人们的精神文化追求，注重人的自由和全面发展。在具体工作中，就是积极发展新闻出版、广播影视、文学艺术等事业，进一步丰富人们的精神文化生活，保障群众基本文化权益，消除文化贫困，实现文化公平。

3. 要注意多元文化的兼收并蓄，倡导大众共享及文化的多元统一

文化是一个民族的血脉，传播、保护多姿多元的文化，促进不同文化间的交流与借鉴，是人类文化发展进步的必要条件。和谐文化就是一个由多种不同文化构成的文化体系，既有传统的文化，也有现代的文化；既有本土的文化，也有外来的文化；既有全民族的文化，也有区域的文化；既有占主导地位的文化，也有非主导性的文化。

4. 要加强不同文化的对话与交流

建设和谐社会，离不开与世界文化的对话。建设和谐文化，必须从基本国情出发，以开放的姿态适应世界发展进步的潮流，借鉴世界优秀文明成果丰富自己。

（四）不同的文化类型

1. 校园文化

校园文化是指以学生为主体，以课外文化活动为主要内容，以校园为主要空间，以校园精神为主要特征的一种特殊的群体文化。校园文化不但对学校有影响力，同时还是一个地方文化的缩影。

☞各抒己见

职业院校应该建设怎样的校园文化？

2. 企业文化

企业文化也称组织文化，是由一个组织的价值观、信念、仪式、符号、处事方式等所组成的特有的文化形象。企业文化是企业走向成功的精神主宰。

☞各抒己见

胡庆余堂长盛不衰的秘诀是什么？

案例分析

农民用海尔洗衣机洗地瓜，把洗衣机洗坏了，要求海尔退赔。按理说海尔完全可以不赔，因为洗衣机是用来洗衣服的，用于洗地瓜属于使用方法不当。但细想起来海尔也有一定的责任，因为说明书中没有注明洗衣机是不可以洗地瓜的。对此，海尔没有强调自己的制度，而是本着服务至上的理念妥善地解决了农民的诉求，并且还发明了可用于洗地瓜的洗衣机。

讨论：海尔为什么能把不利变为有利？海尔的做法对你有什么启发？

参考分析：积极讨论发言，深刻理解什么是企业生存之道。

3. 体育文化

体育文化是一种竞技运动文化，直接关系到人的全面、健康发展。奥运会经过一百多年的发展，已经成为世界上最广泛的体育文化现象，互相理解、友谊、团结和公平竞争的奥林匹克精神传承着人类共建一个和平美好世界的理想和愿望。

4. 网络文化

网络文化是指通过互联网传播的各种人类符号表意系统。互联网作为信息平台与交流工具，给我们的生活带来诸多便利。然而，网络也是一把双刃剑，由于网络的开放性，也会加速不良文化传播的负效应，侵蚀人们的心灵，败坏社会风气。上网成瘾是伴随着现代社会信息技术高度发展而产生的一种对网络过分依赖的行为，严重危害未成年人的身心健康，影响正常的学习和生活，个别学生甚至因此而误入歧途。

☞各抒己见

如何文明上网？

二、建设社会主义核心价值体系

（一）社会主义核心价值体系的基本内容

1. 马克思主义指导思想

建设社会主义核心价值体系，最根本的是坚持马克思主义的指导地位。我国是社会主义国家，中国共产党是中国特色社会主义事业的领导核心，马克思主义是我们党的根本指导思想，这就决定了马克思主义是社会主义意识形态的旗帜。马克思主义指导思想决定了社会主义核心价值体系的性质和方向，是社会主义核心价值体系的灵魂。

重点提示

随着我国经济社会发生深刻变化，社会意识出现了多样化倾向。面对这样的情况，我们必须更加坚定地坚持马克思主义的指导地位不动摇，坚持用发展着的马克思主义指导实践，牢牢掌握意识形态领域的指导权、主动权、话语权。在这个前提下，尊重差异，包容多样，充分挖掘和鼓励不同阶层、不同群体所蕴含的积极向上的思想精神，更好地用社会主义核心价值体系引领社会思潮，最大限度地形成思想共识，凝聚力量，齐心协力建设中国特色社会主义。

2. 中国特色社会主义共同理想

随着社会主义市场经济的深入发展，我国的经济成分、组织形式、就业方式、利益关系和分配方式日益多样化，不可避免地会出现社会意识的多样化，这就必须有一个能够代表广大人民根本利益、为社会各个阶层广泛认可和接受、能有效凝聚各个方面智慧和力量的共同理想。有共同理想，才能有共同步调。这个共同理想，就是在中国共产党的领导下，走中国特色社会主义道路，实现中华民族的伟大复兴。

重点提示

中国特色社会主义共同理想，把党在社会主义初级阶段的目标、国家的发展、民族的振兴与个人的幸福紧密联系在一起，把各个阶层、各个群体的共同愿望有机结合在一起，经过实践的检验，有着广泛的社会共识，具有令人信服的必然性、广泛性和包容性，具有强大的感召力、亲和力和凝聚力。摆脱贫穷落后，走向富强民主、文明和谐，实现中华民族的伟大复兴，是中华儿女世世代代的梦想和追求。

3. 民族精神和时代精神

民族精神是民族文化最本质、最集中的体现，以爱国主义为核心的伟大民族精神，已经深深地融入我们的民族意识、民族品格、民族气质之中，成为各族人民团结一心、共同奋斗的价值取向。以改革创新为核心的时代精神，是马克思主义与时俱进的理论品格，是中华民族富于进取的思想品格与改革开放和现代化建设实践相结合的伟大成果，已经深深地融入我国经济、政治、文化、社会建设的各个方面，成为各族人民不断开创中国特色社会主义事业新局面的强大精神力量。

中华民族生生不息、薪火相传、奋发进取，靠的就是这样的精神；中华民族抵御外来侵略、赢得民族独立和解放，靠的就是这样的精神；在新的历史时期，抓住机遇，加快发展，由贫穷走向富裕，靠的也是这样的精神；建设社会主义和谐社会，实现全面建设小康社会的宏伟目标，还是要靠这样的精神。大力弘扬民族精神和时代精神，使全体人民始终保持昂扬向上的精神状态，是和谐文化建设的主旋律。把握了这一点，就把握了社会主义核心价值体系的精髓。

4. 社会主义荣辱观

确立和实践社会主义核心价值体系，必须以全体社会成员的道德修养和素质为基础。以“八荣八耻”为主要内容的社会主义荣辱观，是对与社会主义市场经济相适应、与社会主义法律规范相协调、与中华民族传统美德相承接的社会主义思想道德体系全面系统、准确通俗的表达，它旗帜鲜明地指出了在社会主义市场经济条件下，应当坚持和提倡什么、反对和抵制什么，为全体社会成员判断行为得失、做出道德选择、确定价值取向，提供了基本的价值准则和行为规范。

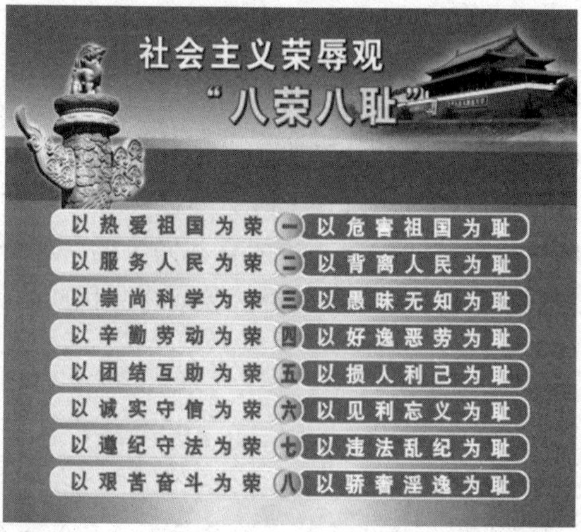

社会主义核心价值体系这四个方面的内容相互联系、相互贯通、相互促进，是有机统一的整体。坚持马克思主义的指导地位，就抓住了社会主义核心价值体系的灵魂；树立共同理想，就突出了社会主义核心价值体系的主题；培育与弘扬民族精神和时代精神，就把握了社会主义核心价值体系的精髓；树立和践行社会主义荣辱观，就打牢了社会主义核心价值体系的基础。坚持用社会主义核心价值体系教育和引领群众，就能够充分发挥和谐文化在推进经济社会发展中的巨大作用。

（二）建设社会主义核心价值体系的重要意义

建设社会主义核心价值体系，是党的十六届六中全会在思想文化建设上的一个重大理论创新，是我们党深刻总结历史经验、科学分析当前形势提出的一项重大任务。

在我国经济体制深刻变革、社会结构深刻变动、利益格局深刻调整、思想观念深刻变化的新形势下，在各种思想文化相互交织、相互激荡的复杂背景下，建设社会主义核心价值体系，具有极强的现实针对性和重大的实践意义。我们必须充分认识社会主义核心价值体系的重要地位和作用，全面准确地理解社会主义核心价值体系的深刻内涵，牢牢把握和谐文化建设的正确方向。

以社会主义核心价值体系为根本，推进和谐文化建设，是意识形态工作的一个崭新课题。实践好这个课题，需要全党全社会的共同努力，把铸造灵魂、突出主题、把握精髓、打牢基础的基本要求体现到经济、政治、文化、社会建设等各个领域，从政策环境、体制环境、社会环境等方面给予有力支撑。要把建设社会主义核心价值体系融入国民教育和精神文明建设全过程，贯穿到理论武装、新闻出版、广播影视、思想道德、文学艺术、社会科学等工作的实践中，以更好更多的体现社会主义核心价值体系的精神文化产品推进和谐文化建设。

本课小结

通过本课的学习，我们应了解不同性质文化的不同作用及社会主义核心价值体系的基本内容，理解建设社会主义核心价值体系和培育文明风尚的意义，并在自己的日常生活中，以实际行动化解、消除不利于社会和谐的因素。

实践活动

设计网络形象图标

目标：理解网络文明对建设和谐文化、培养文明风尚的重要性，增强文明观念和意识。

步骤：课前以小组为单位，了解网络的作用和文化；讨论确定设计图标方案，搜集相关参考资料，用计算机设计出代表网络形象的图标。

点评：课上进行交流，并选出最佳网络形象图标设计。

思维拓展

1. 如何建设社会主义文化？
2. 简述社会主义核心价值体系的基本内容。
3. 建设社会主义核心价值体系的意义有哪些？

第15课

和谐社会建设人人有责

学习目标

1. 了解中国特色社会主义事业的总体布局。
2. 了解社会主义和谐社会建设的总要求。
3. 理解科学发展观的内涵和精神实质。

重点知识

1. “五位一体”的总体布局。
2. 科学发展观的内涵。
3. 如何建设社会主义和谐社会。

运　用

了解中国特色社会主义事业的总体布局，理解高举中国特色社会主义伟大旗帜的重要意义，掌握科学发展观的科学内涵和精神实质，自觉投身于社会主义和谐社会建设。

案例导入

江苏省张家港市有四个“看不见”：站在江边看不见——塔吊林立、货轮密布，辨不清水与岸；除了城市看不见农村——道路宽敞，别墅成片，分不出城与乡；工业区里看不见浓烟和排污口——循环经济使副产品被综合利用，变废为宝；走在街上看不见农村人——市民化管理、亲情化的社会保障体系，让人认不出主与客。这看不见的背后是张家港人“团结拼搏、负重奋进、自加压力、敢于争先”的精神，是张家港人对发展的全面理解。

讨论：张家港的发展给我们什么启示？

一、凝聚在中国特色社会主义伟大旗帜下

（一）中国特色社会主义事业的总体布局

中国特色社会主义事业总体布局是指经济建设、政治建设、文化建设、社会建设和生态文明建设“五位一体”。“五位一体”的总体布局为我们在新的历史起点上建设社会主义指明了前进的方向。

（1）经济建设：经济建设是发展中国特色社会主义的根本任务。

（2）政治建设：社会主义民主政治是实现社会政治文明的必然要求。

（3）文化建设：文化是国家实力的重要构成部分。

（4）社会建设：社会和谐是中国特色社会主义的本质属性。

（5）生态文明建设：生态文明建设是基础。

☞**各抒己见**

谈谈你在生活中发现的社会进步的事例。

☞**各抒己见**

如何看待腐败问题？

（二）通往美好生活的康庄大道

1840 年以来，中国人民几经探寻，最终放弃了盲目仿效西方的模式，接受了马克思主义这一真理，是社会主义挽救了中国。如今，又是中国特色的社会主义发展了中国。100 多年的奋斗历程告诉我们：在中国这样落后的东方大国建设社会主义，前无古人，走什么路需要我们自己选择。中国今天的建设事业如何布局，同样也需要我们自

己规划设计。要实现中华民族的伟大复兴，必须找到一条既适合国情又符合时代要求的发展道路。

党的十七大报告中指出：中国特色社会主义道路，就是在中国共产党领导下，立足基本国情，以经济建设为中心，坚持四项基本原则，坚持改革开放，解放和发展社会生产力，巩固和完善社会主义制度，建设社会主义市场经济、社会主义民主政治、社会主义先进文化、社会主义和谐社会，建设富强民主文明和谐的社会主义现代化国家。这条道路向我们指明了建设和发展中国特色社会主义事业的领导力量，阐明了我国的基本国情、根本任务和基本路线，还阐明了建设和发展中国特色社会主义的总体布局和奋斗目标。

二、深入贯彻落实科学发展观

（一）科学发展观的内涵和实质

科学发展观的第一要义是发展，核心是以人为本，基本要求是全面协调可持续，根本方法是统筹兼顾。以人为本就是以人民群众为本，就是以广大民众的根本利益为本。坚持以人为本，就是要坚持以人民为主体，发展依靠人民，发挥人民的积极性、主动性和创造性。

全面协调可持续的中国特色社会主义事业的发展，不是单一的经济发展，而是社会多种因素交互作用的过程。科学发展观强调全面发展，就是以经济建设为中心，在保持经济又好又快、健康发展的同时，积极推进政治、文化和社会建设，促进人的全面发展，实现社会全方位的共同发展及各个构成要素的全面发展。

重点提示

全面发展：就是要以经济建设为中心，全面推进经济、政治、文化建设，实现经济发展和社会全面进步。

协调发展：就是要坚持“八个统筹”，推进生产力和生产关系、经济基础和上层建筑相协调，经济、政治、文化、社会建设的各个环节相协调。

可持续发展：就是要促进人与自然的和谐，实现经济发展和人口、资源、环境相协调，坚持走生产发展、生活富裕、生态良好的文明发展道路，保证一代接一代的永续发展。

统筹兼顾，就是要在工作中总揽全局，正确认识和妥善处理社会主义事业中的若干重大关系，调动一切积极因素，实现经济社会良性互动和共同发展。

（二）科学发展观统领经济社会发展全局

科学发展观坚持辩证唯物主义和历史唯物主义的基本原理，继承了毛泽东、邓小平、江泽民关于发展的重要思想，是同马克思列宁主义、毛泽东思想、邓小平理论和“三个代表”重要思想一脉相承的科学理论。

科学发展观坚持解放思想、实事求是、与时俱进，在新的历史条件下既继承前人的理论思想，又勇于创新，形成了科学的发展理念。

科学发展观从中国特色社会主义事业总体布局出发，着眼于全面推进经济、政治、文化和社会全方位的建设，着力实现富强、民主、文明、和谐的社会主义现代化国家，继续回答了什么是社会主义、怎样建设社会主义的问题。

此外，科学发展观还回答了建设什么样的党、怎样建设党的问题，把发展与加强和改进执政党的自身建设统一起来，丰富发展了中国特色社会主义理论体系。科学发展观是中国特色社会主义理论体系的重要组成部分，是发展中国特色社会主义必须坚持和贯彻的重大战略思想。

知识链接

中央一号文件将村庄规划正式纳入各级政府的工作范畴，提出要安排资金支持编制村庄规划和开展村庄治理试点，向农民免费提供经济安全适用、节地节能节材的住宅设计图样。引导和帮助农民切实解决住宅与畜禽圈舍混杂问题，搞好农村污水、垃圾治理。

循环农业：中央一号文件把加快发展循环农业作为推进现代农业建设的重要内容，提出要大力开发节约资源和保护环境的农业技术，重点推广废弃物综合利用技术、相关产业链接技术和可再生能源开发利用技术。

新型农民：中央一号文件给新型农民做了三个界定：有文化、懂技术、会经营。为培养新型农民，国家扩大农村劳动力转移培训阳光工程实施规模，各级财政将农村劳动力培训经费纳入预算，发展农村职业教育和成人教育。

三、积极推进社会主义和谐社会建设

我们党提出构建社会主义和谐社会，既是对我国改革开放和现代化建设经验的科学总结，也是在新的国内外形势下提高党的执政能力，贯彻落实科学发展观，更好地推进我国经济社会发展的战略举措，适应了我国改革发展进入关键时期的客观要求，体现了广大人民群众的根本利益和共同愿望。

（一）构建社会主义和谐社会的总要求

社会和谐不仅是人类追求的理想境界，而且是科学社会主义对未来社会构想的美好图景。和谐社会是国家富强、民族振兴、人民幸福的社会。

在东西方大量的思想文献中，有许多关于社会和谐的论述。中国传统文化就非常强调社会和谐。在人与人的关系上，墨子提出了“兼相爱”“爱无差等”的理想社会方案；孟子说：“天时不如地利，地利不如人和”，并描绘了“老吾老以及人之老，幼吾幼以及人之幼”的社会状态。《道德经》上有“人法地，地法天，天法道，道法自然”，强调人要以尊重自然规律为最高准则。“和为贵”“家和万事兴”“和气生财”也是老百姓家庭和经济生活中的普遍准则。

构建社会主义和谐社会是贯穿于中国特色社会主义事业全过程的长期历史任务，是在发展的基础上正确处理各种社会矛盾的历史过程和社会结果。既要通过发展增加社会物质财富、不断改善人民生活，又要通过发展保障社会公平正义、不断促进社会和谐。要以改善民生为重点，解决好人民最关心、最直接、最现实的利益问题，努力形成全体人民各尽其能、各得其所而又和谐相处的局面，为发展提供良好的社会环境。这标志着我们党对和谐社会的认识又上升到一个新的高度。

重点提示

社会主义和谐社会应该是"民主法治、公平正义、诚信友爱、充满活力、安定有序、人与自然和谐相处"的社会。

1. 民主法治，就是社会主义民主得到充分发扬，依法治国的基本方略得到切实落实，各方面积极因素得到广泛调动。

2. 公平正义，就是广大人民群众的各项权益得到保障，利益分配的机会和过程公平，社会各方面利益关系得到妥善协调，人民内部矛盾和其他社会矛盾得到正确处理，社会公平和正义得到切实维护与实现。

3. 诚信友爱，就是全体人民都要诚实守信、相互帮助，各族人民平等友爱、融洽相处。

4. 充满活力，就是通过合理的制度、体制和机制创新，能够使一切有利于社会进步的创造愿望得到尊重，创造活动得到支持，创造才能得到发挥，创造成果得到肯定。

5. 安定有序，就是社会基本道德规范得到广泛认同，经济和社会秩序井井有条，人民群众安居乐业，社会保持安定团结。

6. 人与自然和谐相处，就是生产发展、生活富裕、生态良好，人类生产活动与自然生态活动处于良性循环之中。

（二）经济发展是构建和谐社会的根本前提

经济发展是构建和谐社会的根本前提，这首先是因为和谐社会必然是物质财富相对宽裕的社会。物质财富是人类社会赖以存在和发展的基础。人类社会发展的历史表明，物质财富匮乏所造成的贫困，是造成社会发展不和谐的根本原因。

邓小平在总结社会主义正反两方面的历史经验与教训的基础上深刻指出，社会主义的本质是解放和发展生产力，实现共同富裕。他反复强调：社会主义制度优越性的根本表现，就是能够允许社会生产力以旧社会所没有的速度迅速发展，使人民不断增长的物质文化生活需要能够逐步得到满足。因此，贫穷不是社会主义，在贫穷的基础上更不会建成社会主义和谐社会。改革开放以来，我们批判了离开生产力发展抽象谈论社会主义的历史唯心主义。

今天，在构建社会主义和谐社会的历史进程中，我们也要防止离开生产力发展抽象谈论和谐社会的历史唯心主义倾向。构建社会主义和谐社会，必须坚持把发展生产力作为根本任务，努力创造更多的物质财富，为满足广大人民日益增长的物质文化需求，为广大人民群众共享发展成果奠定坚实的物质基础。

我们现在所构建的和谐社会是社会主义初级阶段的和谐社会，坚持以经济建设为中心是我们不可动摇的原则。中国的发展虽然取得了很大的成就，但中国人口多，底子薄，生产力不发达，发展很不平衡，生态环境、自然资源与经济社会发展的矛盾比较突出。中国要实现现代化，哪怕是达到中等发达国家水平，仍需要进行长期不懈的艰苦奋斗。

我国处在并将长期处在社会主义初级阶段，这是我国最基本的国情，也是我国最大的实际。中国的一切事情都要从这个实际出发，构建社会主义和谐社会也必须从这个实际出发。在社会主义初级阶段，社会的主要矛盾是人民日益增长的物质文化需要同落后的社会生产之间的矛盾，这个主要矛盾贯穿我国社会主义初级阶段的整个过程和社会生活的各个方面。这个矛盾的主要方面又是落后的社会生产，因为不改变社会生产的落后状况，我们就不可能持续不断地满足人民日益增长的物质文化需要，就不可能为解决社会发展中面临的各种不协调、不和谐问题提供必要的物质基础和手段。

我们只有在坚持以经济建设为中心的基础上更加注重统筹兼顾，更加注重解决好社会发展中的薄弱环节问题，才能清醒地观察和把握社会矛盾的全局，有效地促进各种社会矛盾的解决。

（三）构建社会主义和谐社会的六大任务

构建社会主义和谐社会既是贯穿于中国特色社会主义事业全过程的长期历史任务，又是全面建设小康社会的重大现实课题。作为构建社会主义和谐社会的纲领性文件，《中共中央关于构建社会主义和谐社会若干重大问题的决定》（以下简称《决定》）不仅正式把和谐社会纳入中国现代化建设的奋斗目标，而且首次给出了时间表，提出了到 2020 年的奋斗目标和主要任务，这就使得和谐社会建设具有了目标约束性，同时也具备了可操作性。十六届六中全会提出了构建社会主义和谐社会的九大目标，包括民主法制、协调发展、收入分配、公共服务、思想道德、科学文化、社会管理、创造活力、生态环境等。《决定》还用相当大的篇幅，从发展社会事业、促进社会公平正义、建设和谐文化、完善社会管理、增强社会创造活力等六个方面，提出了构建社会主义和谐社会的政策措施。

党的十七大报告指出，社会建设与人民幸福安康息息相关。必须在经济发展的基础上，更加注重社会建设，着力保障和改善民生，推进社会体制改革，扩大公共服务，完善社会管理，促进社会公平正义，努力使全体人民学有所教、劳有所得、病有所医、老有所养、住有所居，推动建设和谐社会。并就如何加快推进以改善民生为重点的社会建设做出了新的具体部署，提出了六大任务和举措。

一是优先发展教育，建设人力资源强国。教育是民族振兴的基石，教育公平是社会公平的重要基础。要全面贯彻党的教育方针，坚持育人为本、德育为先，实施素质教育，办好人民满意的教育。要坚持教育公益性质，加大财政对教育投入，规范教育收费，扶持贫困地区、民族地区教育，健全学生资助制度，保障经济困难家庭、进城务工人员子女平等接受义务教育。努力建设全民学习、终身学习的学习型社会。

二是实施扩大就业的发展战略，促进以创业带动就业。就业是民生之本。要坚持实施积极的就业政策，加强政府引导，完善市场就业机制，扩大就业规模，改善就业结构。完善支持自主创业、自谋职业政策，使更多劳动者成为创业者。建立统一规范的人力资源市场，形成城乡劳动者平等就业的制度。完善面向所有困难群众的就业援助制度，及时帮助零就业家庭解决就业困难。积极做好高校毕业生就业工作。规范和协调劳动关系，完善和落实国家对农民工的政策，依法维护劳动者权益。

三是深化收入分配制度改革，增加城乡居民收入。合理的收入分配制度是社会公平的重要体现。要坚持和完善按劳分配为主体、多种分配方式并存的分配制度，健全劳动、资本、技术、管理等生产要素按贡献参与分配的制度，初次分配和再分配都要处理好效率和公平的关系，再分配更加注重公平。着力提高低收入者收入，逐步提高扶贫标准和最低工资标准，建立企业职工工资正常增长机制和支付保障机制。创造条件让更多群众拥有财产性收入。保护合法收入，调节过高收入，取缔非法收入。整顿分配秩序，逐步扭转收入分配差距扩大趋势。

四是加快建立覆盖城乡居民的社会保障体系，保障人民基本生活。社会保障是社会安定的重要保证。要以社会保险、社会救助、社会福利为基础，以基本养老、基本医疗、最低生活保障制度为重点，以慈善事业、商业保险为补充，加快完善社会保障体系。促进企业、机关、事业单位基本养老保险制度改革，探索建立农村养老保险制度。全面推进城镇职工基本医疗保险、城镇居民基本医疗保险、新型农村合作医疗制度建设。完善城乡居民最低生活保障制度，逐步提高保障水平。健全廉租住房制度，加快解决城市低收入家庭住房困难。

五是建立基本医疗卫生制度，提高全民健康水平。健康是人全面发展的基础，关系千家万户幸福。要坚持公共医疗卫生的公益性质，坚持预防为主、以农村为重点的覆盖城乡居民的公共卫生服务体系、医疗服务体系、医疗保障体系、药品供应保障体系，为群众提供安全、有效、方便、价廉的医疗卫生服务。完善重大疾病防控体系，提高突发公共卫生事件应急处置能力。

六是完善社会管理，维护社会安定团结。社会稳定是人民群众的共同心愿，是改革发展的重要前提。要健全党委领导、政府负责、社会协同、公众参与的社会管理格局，健全基层社会管理体制。最大限度激发社会创造活力，最大限度增加和谐因素，最大限度减少不和谐因素。妥善处理人民内部矛盾，完善信访制度，健全党和政府主导的维护群众权益机制。重视社会组织建设和管理。健全社会治安防控体系，加强社会治安综合治理，深入开展平安创建活动，依法防范和打击违法犯罪活动，保障人民生命财产安全。

构建社会主义和谐社会是一项艰巨复杂的系统工程，需要全党全社会长期坚持不懈地努力。党和政府应加强和改善对构建社会主义和谐社会各项工作的领导，把构建社会主义和谐社会摆在全局工作的重要位置，建立有效的领导机制和工作机制，把构建社会主义和谐社会的要求落到实处。我们要紧紧依靠人民，调动一切积极因素，努力形成社会和谐人人有责、和谐社会人人共享的生动局面。

（四）自觉投身社会主义和谐社会建设

第一，明确使命。构建社会主义和谐社会，是我们党从中国特色社会主义事业总体布局和全面建设小康社会全局出发提出的战略目标任务，反映了社会主义现代化建设的内在要求，体现了全国各族人民的共同利益和愿望。

第二，志存高远。当代青年学生要把自己的人生追求同国家民族的前途命运紧密联系起来，把个人理想和社会理想结合起来，树立实现中华民族伟大复兴的远大理想。

第三，勤奋学习。要树立终身学习的理念，努力学习科学技术和文化知识，在钻研专业知识的同时，努力扩大知识面，优化知识结构。

第四，投身实践。和谐社会伟大目标的实现，离不开青年学生的奋斗和奉献。青年学生要深刻认识国情、市情、乡情，积极响应党的号召，到基层去，到艰苦环境中去。

本课小结

本课主要学习了中国特色社会主义事业的总体布局，社会主义和谐社会建设的总要求，高举中国特色社会主义伟大旗帜的重要意义，科学发展观的科学内涵和精神实质。

实践活动

志愿者在行动

在 2008 年北京奥运会上，170 万名志愿者参与服务，是奥运史上志愿者最多的一次。他们用累计超过 2 亿小时的服务，在万余个工作岗位上奉献着热情和汗水，用微笑来展现中国人民热情好客、文明礼貌和开放自信的精神风貌，用优质的服务替人们排忧解难，增进了世界和谐。在闭幕式上，奥运会首次增加了向志愿者献花的环节，这是对志愿者的高度褒奖。

目标：学习北京奥运会志愿者精神，通过实际行动，奉献个人力量，参与社会实践，锻炼个人综合品质和道德品格。

步骤：为农村、企业、学校、社区的发展和建设及大型社会活动等公益事业提供志愿服务；为有特殊困难，需要帮助的社会成员及贫困地区提供志愿服务。

环保工程形象图标设计

目标：理解环境保护对国家与社会发展的重要性，增强环保观念和意识。

步骤：课前以小组为单位，了解环保的作用和文化；讨论确定设计方案，搜集相关参考资料，用计算机设计出代表环保工程形象的图标；课上进行交流，并选出最佳设计方案。

思维拓展

1. 如何科学把握社会主义和谐社会的科学内涵？
2. 如何理解构建社会主义和谐社会的重要意义？
3. 简述构建和谐社会的目标任务和主要措施。

附 录

《经济政治与社会》教学大纲

一、课程性质与任务

"经济政治与社会"是中等职业学校学生必修的一门德育课。本课程以邓小平理论和"三个代表"重要思想为指导，深入贯彻落实科学发展观，对学生进行马克思主义相关基本观点教育和我国社会主义经济、政治、文化与社会建设常识教育。其任务是使学生认同我国的经济、政治制度，了解所处的文化和社会环境，树立中国特色社会主义共同理想，积极投身于我国的经济、政治、文化、社会建设。

二、课程教学总体目标

引导学生掌握马克思主义的相关基本观点和我国社会主义经济建设、政治建设、文化建设、社会建设的有关知识；提高思想政治素质，坚定走中国特色社会主义道路的信念；提高辨析社会现象、主动参与社会生活的能力。

三、教学内容及具体教学目标和要求

（一）透视经济现象

教学目标

使学生透过常见的经济现象，掌握有关的经济知识，树立正确的消费观、劳动观，增强创新、诚信、效率、公平等意识，树立依法纳税的观念，提高参与经济生活的能力。

教学要求

认知：了解有关商品交换、消费、生产及收入分配的基本知识，理解价值规律的作用、企业发展的重要条件、我国的分配制度。

情感态度观念：正确看待金钱，以辛勤劳动为荣、以好逸恶劳为耻，崇尚诚信，树立依法纳税的观念。

运用：正确辨析常见的经济现象，理性消费，以实际行动提高自身素质，尝试设计家庭理财方案。

教学内容

1. 商品的交换与消费

（1）透视商品交换的现象，了解商品的基本属性，理解货币在商品交换中的作用。

（2）透视商品价格的变化，懂得影响价格的因素，认识价格变动的影响，理解价值规律的作用。

（3）透视选购商品的现象，评析常见的消费心理，树立正确的消费观。

2. 企业的生产与经营

（1）透视企业的不同类型，了解企业的含义和分类，理解企业提高经济效益的主要途径。

（2）透视企业经营的状况，理解企业形象、诚实守信、名牌产品对企业发展的重要性，增强诚信意识和创新意识。

（3）透视人在生产经营中的作用，理解提高劳动者素质的重要意义，全面提高自身素质。

3. 个人的收入与理财

（1）透视家庭收入的多元化，理解我国的分配制度及正确处理效率与公平关系的意义，增强劳动光荣、热爱劳动的情感，增强效率意识和公平意识。

（2）透视个人所得要依法纳税的现象，了解税收在我国财政收入中的地位和作用，增强自觉纳税意识。

（3）透视财富增值的不同渠道，理解存款储蓄、债券、股票、商业保险的异同，学会选择恰当的投资理财方式。

（二）投身经济建设

教学目标

使学生了解职业活动所处的经济制度、经济体制背景以及相关的时代、国际背景，认同我国的经济制度和发展经济的方针政策，增强规则意识、开放意识、竞争意识、风险意识，增强参与经济建设的能力。

教学要求

认知：了解有关社会主义市场经济的基本知识、我国经济建设的重大方针政策，理解我国社会主义基本经济制度的优越性、实行对外开放基本国策的必要性。

情感态度观念：认同社会主义经济制度，尊重市场规则，崇尚市场道德，爱护环境资源，勇于竞争，拥护党和国家发展经济的方针政策。

运用：践行市场规则、市场道德，贯彻执行党和国家有关发展经济的方针政策。

教学内容

1. 社会主义基本经济制度

（1）理解我国基本经济制度的内容，认清从事职业活动所处的制度背景。

（2）懂得社会主义基本经济制度适合我国国情，理解坚持基本经济制度的意义，维护社会主义基本经济制度。

2. 社会主义市场经济

（1）了解市场经济的一般特点，理解我国社会主义市场经济的基本特征，增强规则意识、平等意识、竞争意识。

（2）了解国家宏观调控的主要目标和手段，理解国家宏观调控的必要性。

3. 小康社会的经济建设

（1）了解投身经济建设所处的时代背景，理解全面建设小康社会的意义和经济发展的奋斗目标。

（2）了解中国特色的农业现代化道路、新型工业化道路，理解提高服务业比重和水平的意义，理解我国推动区域协调发展的战略。

（3）了解我国转变经济发展方式的基本思路，理解建设资源节约型和环境友好型社会的意义，树立生态文明观念。

4. 对外开放的基本国策

（1）了解经济全球化的主要表现，理解坚持对外开放基本国策的必要性，增强开放意识。

（2）了解把“引进来”和“走出去”结合起来、提高开放型经济水平的意义，理解发展对外经济关系的原则，增强竞争意识和风险意识。

（三）拥护社会主义政治制度

教学目标

使学生认同我国的社会主义政治制度，认清我国民主政治发展道路，拥护中国共产党的领导，积极投身社会主义民主政治建设。

教学要求

认知：了解我国社会主义政治制度的有关内容，理解我国政治制度的优越性。

情感态度观念：认同社会主义政治制度，坚定走中国特色社会主义政治发展道路的信念。

运用：能够进行正确的政治价值判断和政治行为选择，以实际行动维护国家政治制度。

教学内容

1. 我国的社会主义政治制度

（1）懂得人民代表大会制度是我国人民当家做主的根本政治制度，理解坚持和完善人民代表大会制度的重要性。

（2）了解中国共产党领导的多党合作和政治协商制度的基本内容，懂得中国特色社会主义事业必须坚持中国共产党的领导。

（3）了解民族区域自治制度的基本内容，理解民族区域自治制度的优越性。

（4）理解发展基层民主、完善基层群众自治制度的意义，提高管理基层公共事务和公益事业的能力。

2. 我国民主政治的发展道路

（1）理解人民民主是社会主义的生命，懂得深化政治体制改革必须坚持正确的政治方向。

（2）理解发展社会主义民主政治，必须坚持党的领导、人民当家做主、依法治国有机统一。

（四）参与政治生活

教学目标

使学生了解参与政治生活的相关知识和我国的对外政策，坚定正确的政治方向，依法行使权利、履行义务，提高参与民主政治生活的能力。

教学要求

认知：了解行使民主选举、民主决策、民主管理、民主监督等权利的相关知识，理解履行公民义务的重要意义和我国独立自主的外交政策。

情感态度观念：认同公民有序参与政治，依法行使权利，自觉履行义务，增强国家观念和国际意识。

运用：关心国家和世界大事，有序参与政治生活，自觉维护国家利益。

教学内容

1. 依法行使民主权利

（1）懂得我国公民享有广泛的政治权利和自由，了解行使选举权应持的正确态度、行使民主决策权的主要方式，掌握行使监督权的主要途径。

（2）懂得我国政府是人民的政府，了解政府的有关职能，学会寻求政府的帮助，监督政府权力的行使。

2. 履行义务 承担责任

(1) 懂得公民有维护国家统一和民族团结、遵守宪法和法律、遵守劳动纪律、尊重社会公德、依法服兵役等义务，自觉承担对国家的责任。

(2) 关注身边的政治现象，正确解析身边的政治问题；尊重民族习惯和宗教信仰，严格执行国家的民族和宗教政策。

3. 关注国际社会 维护国家利益

(1) 了解当今时代的主题，理解我国在国际社会中发挥的重要作用，增强民族自豪感。

(2) 了解我国外交政策的基本内容，理解我国始终不渝走和平发展道路的积极意义，维护国家利益和全人类的共同利益。

(五) 共建社会主义和谐社会

教学目标

使学生了解以改善民生为重点的社会建设、和谐文化建设的有关要求，了解社会主义和谐社会建设的总要求，懂得以科学发展观统领经济社会发展全局的重要意义，积极投身社会主义和谐社会建设。

教学要求

认知：了解社会建设与和谐文化建设的有关知识，了解构建社会主义和谐社会的总要求的具体内容，了解社会主义核心价值体系的基本内容，理解科学发展观的科学内涵和精神实质。

情感态度观念：增强贯彻落实科学发展观的自觉性，认同构建社会主义和谐社会的总要求，正确对待各种文化，关注民生问题，树立和谐社会共建共享的观念。

运用：从自己做起，从小事做起，积极参与和谐社会建设的各种活动，抵御腐朽文化的侵蚀，以实际行动化解、消除社会主义和谐社会建设中的不和谐因素。

教学内容

1. 关注改善民生

(1) 了解办人民满意的教育的重要性和国家优先发展教育的举措，理解大力发展职业教育的重要意义。

(2) 了解我国建立基本医疗卫生制度的重要举措，理解建立基本医疗卫生制度对于构建社会主义和谐社会的意义。

(3) 了解我国社会保障体系的主要内容，理解加快建立社会保障体系的意义。

2. 建设和谐文化

(1) 辨析身边的文化现象，认识不同性质文化的不同作用，树立对待各种文化的正确态度，理解建设和谐文化、培育文明风尚的意义。

（2）了解社会主义核心价值体系的基本内容，理解建设社会主义核心价值体系的意义。

3. 和谐社会建设人人有责

（1）了解中国特色社会主义事业的总体布局，理解高举中国特色社会主义伟大旗帜的重要意义。

（2）懂得必须以科学发展观统领经济社会发展全局，理解科学发展观的科学内涵和精神实质。

（3）了解社会主义和谐社会建设的总要求，自觉投身于社会主义和谐社会建设。

四、教学原则和方式方法

（一）教学原则

（1）坚持方向性原则。教学中坚持以建设中国特色社会主义理论为指导，坚持正确的育人导向，把帮助学生形成正确的情感、态度和观念贯穿教学全过程。

（2）贴近学生、贴近职业、贴近社会。教学要紧密联系社会实际和学生生活实际，加强针对性、实效性和时代感，讲究实际效果，防止空洞说教。

（3）加强实践教学，突出能力培养。通过多种形式的实践教学活动，着重培养学生的学习能力、认识能力和实践能力，提高学生参与经济、政治、文化和社会生活的能力。

（二）教学方法

教学方法应体现以教师为主导、学生为主体，注重因材施教。要从学生的实际出发，运用学生需要掌握的我国建设社会主义市场经济、社会主义民主政治、社会主义先进文化和社会主义和谐社会的基本知识分析社会现象，使学生在学习和运用知识的过程中内化知识、获得体验、培养能力，形成良好的行为习惯；根据学生的认知规律和职业教育的特点，针对教学内容，综合运用案例教学、探究式教学、情景教学、小组合作教学、仿真教学、现场教学、社会实践等方式，提高教学效果。

（三）活动建议

在教学过程中，应利用课堂教学时间或课余时间，有计划地组织相关的知识讲座、小组讨论、演讲辩论、模拟活动、知识竞赛等，开展社会调查、参观访问、社会服务等活动，并通过安排学生撰写调查报告、小论文、活动感受、学习体会或评价学生活动表现等形式考核学习效果。在顶岗实习阶段，要注重引导学生将所学知识运用于实践，指导自己的行为。

（四）教学资源

教师应充分利用教学参考资料所提供的内容，积极开发校园德育资源，收集优秀学生和成才典型的先进事迹以及社会上丰富多彩的政治、经济和文化生活中的素材，特别是社会的新发展、改革开放的新成果和实践中产生的新知识、新观点、新事物、新典型等充实教学内容；利用德育基地和引进社会各界的相关专家学者、英雄模范和一线的劳动者或企业家参与学校活动，丰富教学形式；通过有效使用电脑、投影、录音、录像、影视、图片、幻灯等各种教具，充分利用多媒体教室、校园网、互联网等信息技术设备，优化教学过程，提高教育教学效果。

（五）课时计划及分配建议

本课程总学时为 32～36 学时，每周 2 学时。教学时间 32 学时，复习考试 2 学时，机动 2 学时。

序号	课程内容	学时
	课程介绍	2
（一）	透视经济现象	6
（二）	投身经济建设	6
（三）	拥护社会主义政治制度	6
（四）	参与政治生活	6
（五）	共建社会主义和谐社会	6
复习考试		2
机　动		2
合　计		36

五、评价与考核

（一）评价目的

通过学习评价，判断课程目标是否达到，分析教学方法是否有效、教学进度是否得当、所选择的教学资料是否适宜，从而检查和提高教与学的效果和质量。

（二）评价原则

学习评价应遵循知识、能力和觉悟相统一，理论和实践相统一的原则。评价的范围应包括对有关知识的了解、理解程度，对知识的实践运用能力以及在学习中形成的品格和态度。

（三）评价方式

评价的主体应包括学生自我考核、学生互评、教师考核和社会评价。评价的方式可以多样化，要坚决克服以考卷定成绩，导致学生死记硬背的学习倾向。

（四）评价标准

评价标准分为认知水平的评价、情感态度观念的评价和运用能力的评价。

认知水平的评价分为“了解”“理解”两个层次。“了解”指知道有关的常识；“理解”指对了解的常识有较深入的认识。

情感态度观念的评价以与具体情境相适应的正确情感、态度与观念为标准，评价学生不良情感、态度与观念的变化情况，正确情感、态度与观念的体验和内化情况，以引导学生积极进步。

运用能力的评价分为“分析判断”“参与践行”两个层次。其要求是在理解的基础上，能运用所学知识，分析判断社会生活中的有关现象，并能在实践活动中解决实际问题。

图书在版编目（CIP）数据

经济政治与社会/李波，邓德强主编. —北京：中国人民大学出版社，2016.7
中等职业教育通用基础教材系列
ISBN 978-7-300-23179-2

Ⅰ.①经… Ⅱ.①李…②邓… Ⅲ.①中国经济-经济建设-中等专业学校-教材②政治-中国-中等专业学校-教材 Ⅳ.①F124②D6

中国版本图书馆 CIP 数据核字（2016）第 183125 号

中等职业教育通用基础教材系列
经济政治与社会
主　审　栾洪亮
主　编　李　波　邓德强
副主编　曹景军　陈　萍　韦　翔　陈玉江　武　凡　陈　鹏
编　委　邓宗君　李　杨
Jingji Zhengzhi yu Shehui

出版发行	中国人民大学出版社		
社　　址	北京中关村大街 31 号	**邮政编码**	100080
电　　话	010－62511242（总编室）		010－62511770（质管部）
	010－82501766（邮购部）		010－62514148（门市部）
	010－62515195（发行公司）		010－62515275（盗版举报）
网　　址	http://www.crup.com.cn		
经　　销	新华书店		
印　　刷	运河（唐山）印务有限公司		
开　　本	787 mm×1092 mm　1/16	**版　　次**	2016 年 8 月第 1 版
印　　张	10.5	**印　　次**	2023 年 8 月第 13 次印刷
字　　数	200 000	**定　　价**	22.00 元